读客®文化

牛津通识课：人为何需要仪式

[加]巴里·斯蒂芬森 著
欧阳敏 译

中原出版传媒集团
中原传媒股份公司
大象出版社
·郑州·

图书在版编目（CIP）数据

牛津通识课：人为何需要仪式 / (加) 巴里·斯蒂芬森著；欧阳敏译 . -- 郑州：大象出版社，2022.1
ISBN 978-7-5711-1138-0

Ⅰ . ①牛… Ⅱ . ①巴… ②欧… Ⅲ . ①仪式—研究 Ⅳ . ① G241.3

中国版本图书馆 CIP 数据核字 (2021) 第 145012 号

牛津通识课：人为何需要仪式

[加] 巴里·斯蒂芬森 著
欧阳敏 译

出 版 人 汪林中
策划编辑 刘芷绮
责任编辑 徐淯琪
责任校对 牛志远
封面设计 温海英
版式设计 温海英

出版发行 大象出版社（郑州市郑东新区祥盛街 27 号 邮政编码 450016）
发行科 0371-63863551 总编室 0371-65597936
网 址 **www.daxiang.cn**
印 刷 河北中科印刷科技发展有限公司
经 销 各地新华书店经销
开 本 787 mm × 1092 mm 1/32
印 张 6.5
字 数 90 千字
版 次 2022 年 1 月第 1 版 2022 年 1 月第 1 次印刷
定 价 32.00 元

目　录

致 谢

有很多个人和机构为我提供了种种思考、谈论和书写仪式的机会。首先我要感谢的是罗纳德·格里梅斯（Ronald Grimes），他对仪式研究领域的全情投入和贡献都是无与伦比的。汤姆·德赖弗（Tom Driver）、乌特·许斯肯（Ute Hüsken）和迈克尔·豪斯曼（Michael Houseman）都是良师益友。当我还在仪式研究的世界中寻找研究切入点的时候，海德堡大学“仪式动态”项目的负责人阿克塞尔·迈克尔斯（Axel Michaels）多次盛情邀请我参加研讨活动。我也要感谢牛津大学出版社，南希·托夫（Nancy Toff）及其编辑团队对本书进行了完善且必需的编辑工作，多年来，牛津大学出版社始终积极支持仪式研究领域的学术进展。

引　言

仪式，像语言、工具使用、象征和音乐一样，是构成我们所谓的“人文”的要素之一。人类的文化记录揭示，仪式持久而广泛地存在着。考古证据表明，早在人类文明诞生之初，仪式就已经存在。生物学证据则证明，仪式化（ritualization）是动物行为的一项基本特征，其影响了进化的过程。因此，思考仪式，也是在反思人类的本质、社会和文化。

我们无法避开仪式。对特定人群、社会、团体而言，某些仪式可能更为重要或没那么重要。一名虔诚的天主教徒每天都要做弥撒，霍皮人[1]每年都会郑重地花费大量时间、金钱和精力在仪式活动上。可是，即使我们自认为不热衷于仪式，也不觉得我们的社会

1　霍皮人（Hopi），北美的一个印第安人部落，现居住在美国西南部地区。（本书页下注均为译者注）

以仪式为基础，但我们的一生总是要与仪式打交道，这就如同日升日落般不可避免。婚礼、葬礼、生日、入学典礼、毕业典礼、节庆、游行、礼拜，以及礼物交换——仪式在我们的社会和个人的生活世界中到处可见。仪式塑造了我们，在人生道路上，我们各自体验着种种仪式和典礼，有令人振奋或无聊的，有的是剥削或赋权，有的富有创造性或垂死挣扎。思考仪式，就是在探索它在我们生命和社会中的地位、力量和潜能。

对于在现代和后现代西方工业社会中成长的人来说，仪式已经在文化和知识生活中处于极度边缘的位置。从历史上看，基督新教和启蒙思维的影响导致人们开始质疑仪式。与科学、理性和市场相比，仪式常常被贬低为一种相对来说不那么有效的干预世界的方式。但另一方面，在最近人们对现代性的本质及其影响的探讨中，仪式又有些重回聚光灯下的感觉，人们重拾对仪式的创造力、批判性和潜在变革力量的兴趣。因此，思考仪式也是在反思构成现代性叙事基础的种种立场和假设。

一本关于仪式的书，不论多么薄，都必须回答一个简单的问题：仪式是什么？但在刚开始探索这个概念时我们就遇到了一个问题，也是许多研究领域都面临的问题。多个学科从不同的角度对仪式进行了研究，因此，仪式也以各种各样的方式被审视、被定义。一篇发表于1968年的论仪式的文章被广泛阅读，其内容涉及仪式的各个方面。这篇文章的作者——人类学家埃德蒙·利奇（Edmund Leach）[1]——下了一个多少让人觉得沮丧的论断："'仪式'一词该如何使用，以及人们该如何理解仪式中的表演，可能是最众说纷纭的问题了。"在当时，人们就仪式是什么或仪式的作用是什么（如果它真的具有一定功用的话），还没有达成共识。到现在，情况总体上变得越发复杂。蜜蜂上下飞舞与神父行屈膝礼，足球赛与办公室茶歇的衣着颜色，在医院分娩与在议会发言，看电视与照料花园，在威奇塔[2]的

1 埃德蒙·利奇（1910—1989），英国社会人类学家，1972年起为英国国家学术院院士，1975年获封骑士。他将列维－斯特劳斯引介入英语世界，其研究方法融合了英国结构功能主义和法国结构主义，研究范围涉及社会变迁和亲属制度等领域，代表作有《缅甸高地诸政治体系》《列维－斯特劳斯》等。

2 美国堪萨斯州的最大城市。

某个公交车站等车与在东京看歌舞伎表演，生日派对与七月四日游行——这些以及其他种种现象，都曾被构想和界定为仪式并被分析。如此看来，在我们周围仪式无所不在。众多颇有影响力的人文、社科学者，也都曾深入地思考过仪式的本质、功能及其在社会、文化和宗教中的地位。

若加以宽泛的界定（这也是本书采取的方式），“仪式”并不是指某类具体的行动，而是众多行为都可能潜在具有的一种行为特性。仪式作为一种元范畴，包括了宗教的和非宗教的、传统的和新生的、约定俗成的和即兴创造的、人类的和非人类的，并与一系列其他的文化领域交错叠加在一起，如游乐、比赛、演出和戏剧。如果说仪式是一种行动的话，那它同样也是一种概念——一种我们赖以思考的概念。我们接下来的探讨就会在这两个维度之间来回穿梭。

仪式首先应该是“做”（doing）。像理解烹饪、游泳或政治一样，我们也是通过“做”来了解仪式是什么的。但除了仪式行动，人们还会倒回去思考、撰写和阅读仪式——这正是我们此刻在做的。这并不是要把行动和思考两极化割裂，虽然在仪式研究中这样的做法屡见不鲜。仪式是一种思考和认知的方式。这里的重点很简单，即我们对仪式的观念和感知不仅是由仪式本身形成的，同样也被文本和其他媒介所塑造。例如，《旧约》包含了规范的仪式文本，详细地列明了如何敬拜、献祭，还包含对这些仪式的社会和道德价值的批判性反思。儒家典籍，尤其是《礼记》，连篇累牍地谈论了仪式与社会和谐之间的关系。游记、传教士报告、士兵的日记、学术史，以及其他文本都不同程度地揭示了人们对他者仪式的迷恋、鄙视或困惑。文学作品，以及更晚近出现的电影，往往包含了从日常生活中提取出来的仪式场景。有些文学种类甚至直接采用了仪式的形式，如乔叟（Chaucer）的《坎特伯雷故事集》（*The Canterbury Tales*）是一场虚构的朝圣之旅。文学理论家巴赫金（Mikhail Bakhtin）认为，这部现代小说吸收了中世纪狂欢节的特点，而狂欢节在现代欧洲曾普遍受到压制。[1]

1 此即巴赫金的“狂欢理论”，在其代表作《陀思妥耶夫斯基诗学问题》和《弗朗索瓦·拉伯雷的创作与中世纪和文艺复兴时期的民间文化》中有所阐述。

引　言

本书介绍了人们在过去大约一个世纪里对“仪式”的思考轨迹，这个广阔的研究领域有时被宽泛地称为“仪式研究”（ritual studies）。仪式研究作为一个有正式名称的研究领域出现在20世纪70年代末到80年代初，建立于在此之前的动物行为学、人类学、社会学、宗教史及宗教现象学的研究成果之上，并受到新兴的跨学科研究兴趣（如表演、化身、权威、权力和创造力等）的影响。仪式研究中的基础问题是较为清楚的：仪式是什么？仪式做些什么？仪式有什么功用？仪式包括哪些种类？仪式是受传统束缚的、保守的，还是充满创造力和变革力的？对这些基本问题的回答多种多样，有时还互相矛盾。本书的任务就是要廓清仪式研究领域的边界，并希望读者读完本书能够有兴趣了解更多。

第一章

仪式化

01

仪式化是仪式研究的一块基石，但这个词有着不同的含义和用法。最早系统研究这个概念的学者是动物行为学家，我们的探索也会从这里开始。仪式往往与宗教相关联，因而也与神圣之物，即超越凡尘、与天堂相关、具有终极意义之物相关联。因此，本书以讨论动物行为以及动物行为学家对仪式的看法来开篇似乎有些古怪。从文化上来讲，人们倾向于把仪式视为能够区分人类与其他动物的行为和能力之一，如语言、理性、使用符号和工具等。可是，动物行为学的研究成果表明，仪式让我们与生物学意义上的近亲联系在了一起。

观察仪式

查理·达尔文（Charles Darwin）的研究代表了动物研究方法上的一场巨变。19世纪的英国，兴起了一种全新的观念：相比以解剖动物尸体为基础来推动分类体系的完善，不如离开宛如停尸间的动物实验室，前往自然栖息地，研究活生生的动物的行为。20世纪初，一些鸟类研究爱好者来到英国乡村的森林和田野中，耐心地观察各种鸟类（而不是去收集标本），从而为生物学引入了新的立场和方法，创造了一种新的工作种类和专业分工——博物学家。作为学术研究领域的动物行为学能够出现，正是有赖于这些早期博物学家奠定的基础。

在孜孜不倦地近距离又细致地观察各种动物的过程中，博物学家和动物行为学家发现了一类让他们感到震惊的动物行为。在他们看来，这些行为具有类似仪式的特征。为了尽可能详尽地描述他们观察到的飞禽走兽的行为，博物学家借用了人类文化世界——尤其是仪式、戏剧、游戏和比赛领域——中的许多比喻和词汇。在埃德蒙·塞卢斯（Edmond Selous）、亨利·艾略特·霍华德（Henry Eliot Howard）和弗雷德里克·B. 柯克曼（Frederick B. Kirkman）等博物学先驱写下的日志、笔记和出版的著作中，存在大量诸如舞蹈、典礼、游戏、姿势、态度、滑稽表演、场景、演出、手势和仪式的词汇。

在从动物行为学的角度研究仪式的过程中蕴含着一种循环。我们假设，详细研究动物的行为和“典礼”，能够告诉我们一些有关人类仪式的知识。但恰恰是人类的仪式预先给动物行为学家提供了标准，才能够让我们以仪式的方式审视动物行为。弗雷德里克·B. 柯克曼曾连续几个月观察黑头海鸥和燕鸥，在之后的报告中，他谈到自己是如何突然有一天能够看出鸟类做的各种姿势和手势的，并阐述了以下观点：

> 在我所说的那段观察期里，我发现只有一次提到这些鸟类的各种姿势。尽管这些鸟儿必定每天都在我眼前摆出各种姿势。我长着双眼，但并不能够看清特定事实……（有一天）可以说是我眼前蒙着的“纱布”忽然揭开了。

仪式不仅是人（和动物）参与的活动，也是一种看待事物的方式。仪式既是行动，又是观念，而这会让它变得像一条滑溜的鱼一样难以把握。

一方面，为了能够批判性地分析仪式，我们需要把这两个维度（行动与观念）区分开来。作为观念的仪式与作为行动的仪式不尽相同，人们曾努力想要界定和澄清两者。但有些学者激进地宣布，仪式的观念或范畴完全是学术界建构出来的，充满了西方的假设和偏见，根本不是对真实现象的描述。我的观点与此不太一样，我们还是要先回到有点棘手的定义问题上。另一方面，仪式的观念或范畴塑造了我们认为哪些行为和举动属于仪式。那么，像柯克曼这样的动物行为学家到底突然在鸟类的行为里看见了什么，以至于开始用仪式的语言来思考和框定他们观察到的一切呢？总之，他们注意到了一些非常显眼的行为，这些行为之所以惹人注目，在于它们是模式化的、有独特风格的、重复的，而且令人惊讶地具有交流沟通作用。

蜜蜂找到食物回巢后会进行一系列复杂精细的腹部舞动，并上下翻飞。舞动的路线构成一个“8”字，同时腹部还会上下摆动。其他蜜蜂则围拢过来观看。当我们看到蜜蜂这么做的时候，我们会说蜜蜂在“跳舞”。动物学家麦克斯·冯·弗里施（Max von Frisch）当年就是这么说的。1946年，他提出这样一个观点：这些看似随机的复杂动作事实上是一种沟通交流的方式，舞动的角度和持续的时间指明了去往一个采蜜好地方的距离和方向。几十年来人们就这个观点争论不休，其中一个很重要的原因是，语言的力量让交流沟通成为人类的重要能力，几个世纪以来这一直被视为人与动物具有本质区别的证据。可是，利用雷达进行的精细实验已经证实，正如弗里施最先提出的那样，通过这些舞动，蜜蜂确实能够告知同伴食物采集地的方位。近来的研究还进一步表明，这些舞动能够向同伴传达天敌出没的信息。虽然我们还是没有完全搞清楚这种交流是怎么完成的，但蜜蜂的舞动是一种交流行为的观点如今已经在科学界得到广泛的接受。仪式一直以来也被界定为沟通行为，即利用姿势、行动和各种声音作为主要的非语言方式来传递信息——仪式是一种话语形式。这就意味着，仪式像口头交流一样需要解释，并且就像口语一样，容易产生歧义、误解和欺骗。此外，正如很难完全弄清楚语言交流的所有形式，我们也很难精确地讲出仪式的作用方式。

“蜜蜂的舞蹈”就是仪式化的一个例证。而“仪式化”作为一个理论概念，最初是由进化生物学家朱利安·赫胥黎（Julian Huxley）在一篇发表于1914年的论文里首先提出来的。这篇论文如今已经非常有名，其研究的是凤头鹏鹛的求偶习性。这种水鸟在欧洲各地的名声可不太好。在论文中，赫胥黎区分了工具性质的行为和沟通性质的行为。工具性质的行为旨在改变有机体的生活环境，比如筑巢。沟通性质的行为则是为了双方的利益而在同伴间传递信息。赫胥黎研究的是凤头鹏鹛求偶时有一种特定的行为表演：一只凤头鹏鹛会以律动的、有固定模式的舞蹈方式来回应另一只的举动。这种典礼的高潮发生在双方一起从水中浮出，优雅的长脖子曲向天空，并快速地在水面滑行时。赫胥黎认为这种行为不仅是交配意愿的信号，而且是一种建立社会纽带和互惠的情绪状态的方式。

赫胥黎提出，凤头鹏鹛这些令人疑惑的行为和姿态模式，在其漫长的进化历程中，已经失去了最初的功用，而成为纯粹的象征礼仪。任何通过运动和摆姿势完成的身体动作，其中都存在一种相应的意义模式。具象与意义之间的关系在像“身体语言”这样的词汇或“态度”具有的双重意义上体现得相当明显。态度既可以指躯体在一定空间中的位置和形态，也可以指一种感觉或情绪状态。

图 1　一对凤头䴙䴘在求偶仪式中摆出某种姿势。进化生物学家朱利安·赫胥黎提出的仪式化理论正是基于对这种引人注目的具有沟通作用的行为的观察

这种从工具行为中创建沟通行为的过程，赫胥黎称之为“仪式化”，取意于人类的仪式世界。赫胥黎构想的“求偶仪式”可能让凤头鸊鷉看起来太通人性了，但是可以把生成动物典礼的生物和进化过程，与塑造了人类仪式的文化过程并入同一条理论轨道当中。有些评论家认为赫胥黎只是做了一个大致的类比，但赫胥黎真的确信动物的仪式和人类的仪式具有类似的功能和目的。

仪式化理论

仪式化理论试图解释动物那些令人疑惑的姿势和行为是怎么出现，又是怎么逐步发展的。动物行为学家提出了两个关键问题：这些行为是怎么出现的？这些行为的目的是什么？简而言之，动物行为学家假设，仪式化是一个选择过程，允许有利进化的信息和情绪状态增强交流。用赫胥黎的话说：

从动物学上可以这样定义仪式化：

> 是在……自然选择的压力下，将由情绪驱动的行为进行选择性固化或规制化，从而（1）更好地促进更优质和更清晰的讯号起作用，无论是在个体内部还是在个体之间；（2）更有效地催化或催生其他个体更有效的行为模式；（3）减少种群内的风险；（4）起到异性间或社会间的联系纽带作用。

动物行为学里的仪式化概念指出了动物仪式发展的过程。起初的工具行为功能改变，成为沟通行为。这种新的行为与最初的动机无关，从情绪状态交流相关的动机中获取新的动力。这些行动变得越来越夸张、有节奏、形式化和固化，所具有的讯号性质也就越来越明确。除了形式化的行动，显眼的身体部位和毛色也逐渐演化，使行为成为更加有效的交流方式。在动物行为学里，仪式化行为具有一定功用。在求偶、觅食、控制领地，以及确立社会等级和联结方式等都很可能出麻烦的情况下，仪式化行为的出现改善了沟通状况。

仪式化理论的基础是内在情绪的冲突模型。由此推论，两种或两种以上可能会造成麻烦的行为倾向，它们造成的冲突所固有的内在的矛盾的情绪造成情感不和，动物的仪式的进化是为了应对这种不和。例如，异性相吸能让配偶变得亲密，但太过亲密一方面会带来恐惧和想要逃脱的欲望，另一方面会造成对其他同伴的敌意和对抗。要配对成功，就必须找到一种能避免逃离或争斗的平衡状态。将求偶的姿态和行动仪式化，就是确立这种平衡状态的途径。

动物行为学家和生物学家将仪式化理解为一个相当灵活的进化过程，它基于便捷的行为模式和形态结构来加强沟通，创建社会纽带和阶序，安抚敌意，确立领地，共享食物，让求偶有序进行，并减少群体中个体间的对抗和敌意。动物行为学家称这些行为模式为“仪式化”，认为它们有人类仪式所具有的一些特征——众多仪式和典礼所具有的形式化、重复、表演性和固化的本质。

人类的仪式化

动物行为学家将动物的某些特定行为模式命名为“仪式化”，塑造了我们对人类仪式表演的一种新的认知立场。人类的仪节和典礼通常与崇高的关怀相关联。动物仪式的发现让它们回到现实，开始与社会生活的日常运转联系起来，不再置身于天堂，而是置身于群体互动之中。动物行为学的研究推动了民族学的发展。民族学是对人类文化和群体的研究，是今天的文化人类学的先驱。而20世纪初的动物行为学和民族学研究，让人们越来越倾向于站在功能主义的立场来思考仪式，这种方式主宰了早期的社会学和人类学。

动物行为学家声称，仪式化是人类生物本能的一部分。我们总是喜欢把自身想成是自由、自治的主体，所以，带着普遍性和决定论色彩的仪式化观念或许会让我们因局限性受到打击。毫无疑问，适应力、创造力和选择力是人类独有的能力。但动物行为学所做的，是请求我们注意到，主宰着我们行为的还有源于生物因素的行动和反应模式，尤其是在社会生活领域。动物行为学家艾雷尼厄斯·艾布尔–艾贝斯费尔特（Irenäus Eibl-Eibesfeldt）搜集了大量这样的行为，包括新生儿的应激反应、面部表情、安抚姿势、性别认同和配对确立，以及敌对行为的社会化等。艾布尔–艾贝斯费尔特揭示了一种表达的通用语法和相应的行为，即文化习得行为，它有时是独立的，有时是相伴的。比如，人类的微笑具有普遍性，这项观察研究首先是由达尔文做出的。当然，这个论断引起争议的一部分原因是，后现代思维方式的共同特质是嘲讽一切本质的和普遍的论断；另一部分原因则是，文化在塑造我们的行为、信仰和价值观方面具有显著的作用。

在所有动物当中，人类的行为是最少由本能决定的。我们在这个世界上能有一席之地，不仅依靠生理天赋，还须通过一系列构成文化的表意实践。在某些社会中，仪式起到了比其他因素更重要的文化作用。对一些仪式理论家而言，仪节和典礼是非本能行为模板生成的最主要工具。众多动物行为学家和文化人类学家提出的这一论断是具有时间维度的。与将仪式视为对先行的观念或信仰的表达的知性主义思想传统不同，仪式化理论基于进化论视角，告诉我们仪式比人类更加古老。如果构思能力、拥有信仰的能力和道德分辨力让人类变得独特，或许这些能力源自仪式而非创造了仪式。人类学家罗伊·拉帕波特（Roy Rappaport）[1]就坚持这种观点。他的立场直接就体现在他的代表作的标题上——《仪式和宗教与人类的形成》（*Ritual and Religion in the Making of Humanity*）。一些仪式化理论的倡导者进一步提出，现代西方低估了仪式对社会生活的极度重要性，导致现代性缺乏一种内在的本能的认知和行动智慧。

让我们来看人类文化中仪式化的一个具体例子。很多族群会用争夺领地、确立社会阶序和规范求偶行为的方式来处理内部敌对。这种竞争可能会采取身体对抗的锦标赛形式，或没有身体接触但彰显力量与决心的展示形式。典型的锦标赛场景是两只鹿相互抵角，进行力量的对抗。这种行为模式与对抗山狮的进攻完全不同，族群间和族群内的敌对是不同的。族群

1　罗伊·拉帕波特（1926—1997），美国人类学家，以仪式研究和环境人类学研究著称，其代表作《献给祖先的猪》《仪式和宗教与人类的形成》在本书中均有提及。

内对抗一般都用固定的姿态、重复且形式化的动作和声音等经过调适的仪式化行为，来避免严重的伤害。例如，猫在互相打斗时是不会做出捕猎时的动作的，带有威胁意味的姿势、低吼、用爪子进攻（而不是像捕猎那样使用牙齿）就足够击退对方了。虽然这样的对抗也可能让双方受伤，但一般在受重伤之前一方就会撤退，因此造成死亡的情况极为罕见。

在展示性质的竞争中，身体接触总的来说几乎不存在或很少。胜者是坚持时间最长的那一方，败者是中途放弃的一方。拿山地大猩猩来说，威胁行为已经演化成佯装攻击。山地大猩猩会通过低吼、捶胸、跺脚、撕叶子、扔叶子来佯装攻击。这种佯攻有时甚至会用来对付入侵者，处理潜在的威胁一般也够了。

社会生物学家 E. O. 威尔森（E. O. Wilson）问道："为什么动物会更青睐和平主义和佯攻，而不是直接升级为打斗呢？"答案似乎是，对抗行为对宣示领地、确保基因延续有潜在的好处，但也可能会危及个体生命。用对抗来竞争食物、配偶和领地，有好处，但也要付出代价。在发生冲突时，处理方式要么是退却，要么是接受挑战。在自然环境中，不对等的对抗是常态。实力更强的一方很可能占优势而取胜，而弱的一方则可能很快退却以避免受伤。

双方通过佯攻和竞赛测试相对力量，审时度势，并由此避免真正冲突造成的损失。换句话说，仪式化的争斗比真正的争斗造成的伤害更少。作为一种进化策略，以非致命的行为模式来解决同伴间的争端，是最有利于群体发展的。如果这适用于动物，是不是也适用于人类呢？

动物行为学家认为，仪式化适应在人类的对抗中也有作用。各种文化都有展示竞赛——锦标赛或单挑，带武器或不带武器。因纽特传统文化利用击鼓比赛和一对一赛歌来处理冲突。认为自己受到侮辱、偷窃、伤害的人，可以向对手发出赛歌挑战，比赛在冰屋中公开举行，惯例是双方用滑稽的语气讲笑话、抨击和嘲讽，同时还会有一些夸张的动作，比如假装缝上对方的嘴、撅屁股、冲对方脸上吹气等。对手此时要做的是平静克制地接受这些行径，一直等待轮到自己来抱怨和攻击。通过这样的方式，错误、不齿行为、人格缺陷，以及自认为的过失都自由而公开地得到表达，这个过程消除了这些不正当行为引发暴力冲突的可能。这种竞赛通常会以一场和解宴会来收尾。赛歌会在社区内或社区间组织进行，一场赛歌会可能持续好几天，甚至好几年。

最早对这种赛歌会进行理论研究的人类学家之一 E. 亚当森·霍贝尔（E. Adamson Hoebel）在1941年写道：

> 正如法庭对抗最终可能会变成双方律师的体育竞技一样，具有司法辩论意味的赛歌会首先含有大量让人愉悦的因素。让人开心的表象是如此之多，以至于人们有时候会忘记它具有解决争端的功能，但忘却缘起却能更好地服务于其目的。通过这样的方式，爱斯基摩人在没有政府、宫廷、法院或书面法律的情况下，维持了社会和平，按照既定的社会接受标准引导人们的行为，用原始的法律机制（或其替代品）筑起了社会控制的大堤和疏导的渠道。

霍贝尔的研究陷在了殖民主义常犯的原始主义

泥沼里，这也是早期仪式研究普遍存在的问题。但它仍然表明，传统的因纽特人非常重视用诸如摔跤、头槌、赛歌会等一系列司法形式来公开解决族群内争端。与以司法监管体系和量刑惩罚为前提的司法体系不同，传统的因纽特方式强调解决冲突，以及经由仪式化的竞争来恢复和谐。

用竞赛和赛歌的形式将冲突和对抗场景仪式化，这一般被理解为一种社会控制机制。马克斯·格拉克曼（Max Gluckman）[1]以自己在非洲的民族学研究为背景，将这种行为实践称为“反叛仪式”（rites of rebellion），即允许冲突被舞台化展演的行为。格拉克曼提出，这种具有表达性质的行为遏止了敌意和暴力对抗的恶化，通过允许其安全表达和释放的方式起到了维护社会秩序的作用。群体内部的敌对倾向如果恶化，就会导致破坏性后果，而敌意对抗的仪式化给这种失控的敌意和对抗加上了一道刹车。

1　马克斯·格拉克曼（1911—1975），英国社会人类学家，深受结构功能主义大师拉德克里夫-布朗和埃文斯-普里查德影响，又有所开拓，最终开创人类学曼彻斯特学派。代表作有《东南非的反叛仪式》《部落社会的政治、法律与仪式》等。

战 争

暴力举动从竞赛和赛歌升级的一种重要形式是战争。我们所指的战争是有组织的、集体的和具有破坏性的群体间暴力，是生物记录的一部分。简·古多尔（Jane Goodall）[1]记述了一群大猩猩中存在的类似战争的行为，其中甚至包括猎食同类的案例，震惊了学术界。可是，关于战争最让人意外的发现，并不是其他动物群体也有这种行为，而是极少有群体会出现战争。战争非常引人注目，部分原因是它在我们的动物亲属中极少出现。尽管战争的发生有一定本能因素，但它主要还是一种社会或文化机制，是一种“太人类”的事情，但正因如此，它是能够被阻止的。

如果战争发生，说明经由仪式化途径塑造的生理上对杀戮的约束被克服了，争斗者不再对仪式化的屈服、安抚、缔约和感同身受等信号做出反应。在第一次世界大战期间，交战双方有在前线共享食物并进行交谈对话的例子，这些行为会让杀戮变得难以进行。因此，

1 简·古多尔（1934—），英国动物学家，致力于野生动物的研究、教育和保护。

前线的部队会定期换防，让双方没有机会建立联系，产生同情和共鸣。此外，必须将敌人“非人化”，即把敌人视为另一个种族，以此消解不可杀戮同伴的生理约束。仪式和对行为的仪式化能够服务于多种目的。仪式在产生对安抚和同情的信号免疫的士兵中有作用，因此让敌人不再具有人类的面孔。“敲响战鼓”这个词指的是培养战争狂人的仪式化过程，方式有游行、大型集会、演讲、歌唱和唱赞美诗。暴力和残酷的仪式化会经由力量的展演，让敌人变得“非人化”，从而真正成为敌人。反恐战争中折磨战俘的举动，就是一个例证。仪式化暴力是有意为之的身体伤害，其意味深长，是传递价值观、进行阐述和表达信仰的工具。当然，受折磨之人所受的苦痛都真实不虚，但这一切是一种精心设计的具有交流作用的展演。另一方面，能约束战争期间杀戮升级的行为模式也是存在的，它们经由文化礼仪不断强化并发展起来。

在所谓的原始文化中，人类战争的一个显著特征是高度的仪式化。20世纪初对土著群体的人类学研究大量描述了他们的战争是多么文明，认为这多么值得赞赏。罗伊·拉帕波特所著的《献给祖先的猪》

（*Pigs for the Ancestors*，1968）是对巴布亚新几内亚西部高地上的僧巴珈人（Tsembaga）的仪式和典礼生活的研究。

传统的僧巴珈人放牧猪群，他们仪式生活的一个核心是按照与猪群繁殖相关的生态循环，周期性地举行各种庆典。如果猪群太过庞大威胁到了淀粉类作物的生长，那就会举行一场庆典来控制畜群规模。庆典时节也是公认可以参战的时节，主要目的是处理在两次庆典间隔期间积累的怨愤苦痛和矛盾冲突，并安抚祖先的灵魂。拉帕波特区分了小型战事和大规模战争。僧巴珈族群内的小战事，尽管也有伤亡的可能，但非常形式化（使用的箭甚至没有尾翼），几乎不会造成什么实际伤亡。

在工业社会边缘的土著族群中爆发的战事，通常都是高度仪式化的，因此，与工业化文明世界发生的现代战争相比，没有什么危害。尽管这种观点存在争议，但人类学对原始战争具有内在克制性的观点，已经渗透到了大众观念中。战争史学家格温·戴尔（Gwynne Dyer）称，狩猎–采集社会所理解和实施的战争是“一种重要的仪式，一场令人兴奋而危险的游戏，或许甚至是一个表达自我的机会，但并不具有这个词在现代蕴含的权力意味，而且肯定不是关于杀戮的”。这类主张认为，现代战争带来的暴力和代价远多于原始战争，不仅是因为武器技术的进步，还因为战争的去仪式化。汤姆·德赖弗[1]提出，战争中仪式化路径的丧失，正是“全面战争”（没有任何限制和约束的战争）现象出现的原因之一：

> 失去了仪式化所提供的疏导和缓和，众生间的各种接触就很容易转变为毫无限制的斗争。如果仪式化提供了让我们逐步成为人类的进化路径，那它同样也提供了让我们持续为人所必然需要的途径……一旦战争被仪式化，争斗方就会采取一切可能的措施来让对方看到自己。他们吹嘘地表现自己。他们组织战事既靠自我宣传，

1　汤姆·德赖弗（1925—），神学家，纪录片导演，反战社会活动家，研究领域包括神学、戏剧和仪式等，著有《罗曼蒂克的探寻和现代性探寻：现代戏剧史》《仪式的魔力》等十多部著作，并拍摄了两部纪录片。

> 也靠杀戮技术。巴布亚新几内亚战士们鲜艳的服装是他们战争技艺的组成部分……20世纪的战争却抛弃了这一切。

德赖弗的观点相当大胆，但其前提值得我们深思——文化因素能够战胜“进化路径”，创造罔顾人类兴盛前景的行为。既然仪式化是进化选择过程的一部分，那如果我们能够意识到在文化形式和实践方式中存在基本的、潜在的对仪式化行为的认知，那一切会变得更好。

赞誉与局限

当然，你可能会觉得，跳舞的蜜蜂和跳舞的人还是有很大区别的。你是对的。我们能即兴编舞，但蜜蜂是（且只能）根据基因编码行动。蜜蜂们不会出错，也不会不坦诚，不会撒谎，不会跳具有讽刺意味的舞蹈，不会充满激情地跳舞，也不会厌倦跳舞。那么，从生物学角度探讨仪式，我们得到了什么呢？动物行为学对我们理解人类仪式做出了什么贡献？又有哪些局限？

动物行为学关于仪式化的观点具有一个严重的缺陷，那就是它延伸的范围太广了。例如，可以说单细胞生物也表现出了仪式化行为。但我们把阿米巴虫那些一成不变、重复和固化的行动与唱诗班在星期天早上唱诗的举动放在同一个概念范畴里去思考，真的有意义吗？似乎没有。然而，动物仪式与人类仪式的某些特征确实类似，比如重复、模式化和形式化。此外，有些人类仪节与动物仪式化行为存在类似功能与目的，例如形成社会联系纽带。我们谈论动物的“典礼”，到底是基于动物行为和人类仪式行为之间存在的充分关联，还是只能算一种有限的类比？围绕这个问题展开的争论还在继续，但仪式化观念已经成为动物行为学、文化人类学、心理学和认知学科中普遍使用的概念了。

在人类和动物仪式之间寻找相似之处，无论是形式上的还是功能方面的，可能是更能带来启发而不是证明进化的路径。当然，并不是所有的人类仪节都能让人想到动物的仪式化。回溯上百万年的进化史去追寻现代仪节和典礼的起源，这种做法实在有些太过乐观。动物行为学的立场经常会显得过于还原论和解释性，比如说，把倒祭酒的神父与撒尿宣示领地的动物混为一谈。

但是，动物行为学对仪式的观点勾勒出了“文化主义”的局限。文化主义倾向于把所有人类行为都框定、解释为相对偶然的文化形式的产物。动物行为学的仪式观点表明，我们既是文化的产物，也是自然的产物。透过仪式这扇窗户，我们可以望向两个方向：生物或动物的一面，以及文化的一面。正是在这一点上，这两个方向交叉、融合在了一起，并互相影响。道德一般都与反思、权衡和做出理性判断紧密联系在一起，但动物行为学提出，仪式化行为中存在一种内在的、肉体的智慧在起作用，这是我们所忽略的一种智慧。在战争的例子中，文化将杀戮构建为具有美德的职责，但生理的仪式化行为会为了生存而不使用毁灭性的暴力；最终文化战胜了生理，战争随即爆发。

第二章

仪式与文化的起源

02

动物行为学研究带来的启示之一是，仪式必定在人类诞生之初就已经存在了。早期一些颇有影响力的仪式理论设想，仪节和典礼是观念和神话的表达与展演。动物行为学告诉我们的故事却与此不同。我们并不是先进化成人类，然后在某个时刻决定开始要有仪式的；相反，仪式化在生物与文化进化过程中帮我们适应环境。我们通过文本、考古和生物的记录回溯到尽可能早的时间，就会发现仪式早已存在。因此，要思索人类文化的起源，就始终要聚焦于仪式的贡献与作用。

沃纳·赫尔佐格（Werner Herzog）的奥斯卡获奖纪录片《忘梦洞》（*Cave of Forgotten Dreams*，2010）中对肖维洞穴的奇迹做了令人惊叹的呈献。这个洞穴群地处法国南部，于1994年被发现。从地质学上看，这些洞穴非常令人着迷，因为它们还保留着原始的状态，而且都是大型洞穴。肖维洞穴及类似的洞穴声名远播，是因为它们蕴藏着宝藏——世界上现存最早的精美且引人遐思的艺术。肖维洞穴那些层次分明、风格粗犷的壁画可以回溯到约3万年前至旧石器时代晚期，再现了那个狩猎狮子、豹、马、犀牛、熊和猫头鹰的时代。除了用熄灭的火炬棒画出的壁画、篝火的余烬、手掌印和熊出没的痕迹及它们的头骨，肖维洞穴里还细致地保留下了现存已知最早的脚印—— 一个小孩子的脚印，就在一头狼的爪印旁边。这非常耐人寻味。“饿狼正在悄悄靠近这个男孩？”赫尔佐格在旁白中问道，“还是他们是一对朋友，在一起玩耍呢？又或者，他们的印记是先后印下的，其间相差数千年？我们已经无从知晓。”

影片的节奏时缓时急，但最终都会回到同一个基调，用科学和美学对石器时代进行解释及畅想，赋予影像以情感的力量。在这种节奏流动的高峰中，我们最后一次返回洞中。在此之前，我们在地面上刚刚听完法国人类学家让·克洛特（Jean Clottes）的讲述。他领导了对洞穴的初期研究，并认同萨满教对产生肖维洞穴艺术的文化诠释。克洛特告诉我们，洞中的艺术创作表现的是“灵人”（homo spiritualis），比之“智人”（homo sapiens）——有知识的人，灵人是对我们深层本质更为恰切的描述。镜头随即切回到洞中，聚焦在一个熊头骨上。它大概在一块巨型圆石上，离地面约3英尺。赫尔佐格旁白道：“最能表明洞中在举行某种带灵性、宗教意味典礼的，就是这个熊头骨。它被放置在一块类似祭坛的岩石正中。这个位置似乎是特意选定的。头骨面向洞穴的入口，在它的四周我们找到了碎木炭，可能是用来焚香的。到底发生了什么，只有洞中的画才能告诉我们。”赫尔佐格展现给我们的，是原始仪式场景的遗迹吗？头骨、祭坛、焚香、引人遐思的艺术、光与暗——洞穴似乎是一处举行仪式的场所，或者是我们被整个氛围打动，做出这样的想象。

尽管仪式是我们的行为，但它更多是我们想象的对象，出现在艺术、音乐、文学和电影中。在我们努力理解人类起源的过程中，对仪式的想象占据了中心位置，正如赫尔佐格在他美轮美奂、充满寓意的影片中所展示的那样。

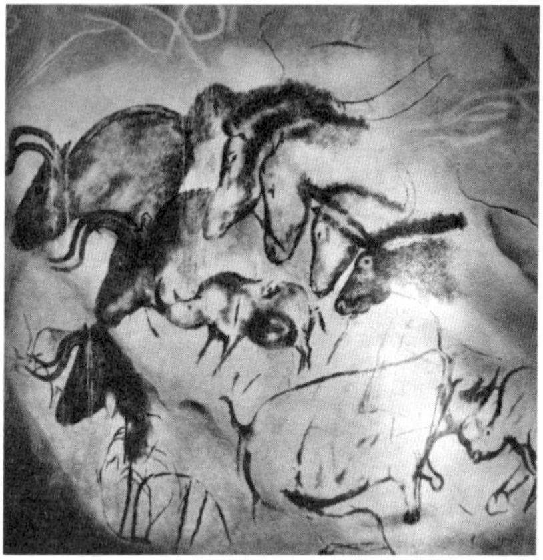

图 2 法国南部肖维洞穴里的史前绘画着重刻画的是马群和野牛——旧石器时代狩猎文化中的关键动物。有些理论家提出，洞中的绘画源自人们参加史前仪式时产生的幻想

萨满仪节

从解剖学角度看，人类，也就是智人，出现在大约20万年前，即旧石器时代中期。但从行为学角度来看，很多科学家认为旧石器时代晚期（36 000年前至10 000年前）才是各种能被清晰辨认为人类的特征和能力纷纷出现的时期，也就是我们所称的“大跨跃”

时期。赫尔佐格的影片浸润着旧石器时代文化革命的概念，引导我们去关注界定了世间人类的一些普遍因素：语言、象征、抽象、食材准备、艺术表达、音乐、游戏、葬礼和工具的使用。

对新石器时代这些非凡绘画的最早一批解释，倡导的是“为艺术而艺术”的观点，洞中壁画被理解为主要是装饰性和表达性的。但自米尔恰·埃利亚德（Mircea Eliade）[1]颇具影响力的著作《萨满教：古老的入迷术》（*Shamanism : Archaic Techniques of Ecstasy*，1951）确定萨满教的主要特征是经由仪式激发或调节的意识入迷状态后，旧石器时代的洞穴绘画开始与带有萨满教色彩的宗教和巫术行为联系起来。

Shamanism一词源于西伯利亚的通古斯民族，后来被19世纪末的传教士和民族学学者采用，用于描述一种在环极地区域各个文化中都有发现的仪式种类。它们与狩猎、治疗、运送死者前往另一个世界等行为

1 米尔恰·埃利亚德（1907—1986），罗马尼亚裔著名宗教史学家，曾先后在罗马尼亚、印度求学，在法国和美国从事教学研究工作，研究领域涉及几乎所有宗教主题。代表作有《宗教思想史》《神圣的存在》以及此处提到的《萨满教：古老的入迷术》等。

以及万物有灵的观念有关。19世纪末20世纪初的众多人类学家将这些萨满教传统理解为一种原初的、旧石器时代萨满教的衍生传承。考古学家 J. D. 刘易斯-威廉姆斯（J. D. Lewis-Williams）总结了对旧石器时代洞穴绘画的萨满教解释：

> 意识异变状态的古老和普遍、萨满教在狩猎-采集关系中普遍存在、异变状态的心理图景与旧石器时代晚期的头顶骨图景的元素之间的形式相似，以上三点证据表明，至少有一些（不一定全部）头骨画可能与制度化的幻觉寻求相关。换句话说，一些有待精确界定的萨满教形式，或许贯穿于整个西欧旧石器时代晚期。

如果旧石器时代是在文化形式和认知能力上的“大跨越”，是人类真正登上历史舞台的时刻，如果洞穴绘画的最佳理解方式是萨满教实践的产物，那么萨满教就是人性最初的宗教或灵性表达，而洞穴就是一个子宫，孕育了这种生命力旺盛的仪式行为。从这个学派的观点来看，洞穴绘画艺术标志着人类表征能力的极大进步。随着这些能力的发展，认知水平、进入意识异变状态的能力、将经历的幻想凝固在审美形式中的能力也都大幅提升。这些经验及其在艺术中的表征，引发了对另一个现实或平行（通常更高级）现实的构想。仪式于是就成为产生和解释这种经历的方式和媒介。

如果我们在肖维洞穴深处来设想这样一种仪式场景，我们能看见什么？一小群旧石器时代的先祖进入危险的洞中，或许有一位深具个人魅力的头人在引导着他们，向新成员揭示神秘的地下世界，引导他们融入。在那里，在火炬照耀的光与暗的空间里，他们击鼓、歌唱，并爬到洞穴壁上，敲打、印刻。各种动物骨头被精心处理后敬奉在小洞里或岩石上，成为最早的祭坛。他们还绘制了动物的形象。早期的绘画成为人类和动物世界紧密联系的工具，也是生者与群体的祖先连接的方式。离开光亮又安全的日常世界，进入危险洞穴的冲动，表明人们渴望寻找一个独特的地方做特殊的事情。这种地方，因为完全与日常生活相隔离，或许被认为能够向人们提供关于世界整体的知识与经验。

从功能上讲，这种萨满教仪节或许能很好地满足早期狩猎社会的需求。与确保食物供应相关的挑战和问题（生活最基本的需求），都能够以仪式的形式来表现。通过象征性展演狩猎场景，我们旧石器时代的祖先也许在一定程度上能够掌控和应对因日常生活不稳定和迫切需求的部分。瓦尔特·伯克特（Walter Burkert）[1]提出："人类进入那些幽暗的洞穴，重复着象征性的寻求（食物）过程，于是这随之变为一种确定的仪式：经由一场大胆而艰难的探索，为了重新建立和带回丰衣足食的希望，进入那些地下的密室中。"伯克特进一步设想，从这种仪式"寻求"中，生发出了神话和史诗，这些将形成古代近东和希腊最早期文学的基础——关于开发、探索和寻找的英雄传说。

我们往往能在仪式行为中寻找到对日常实践的指代和模仿。伯克特默默地重新启用了一个由宗教史学家乔纳森·Z. 史密斯（Jonathan Z. Smith）提出的仪

1　瓦尔特·伯克特（1931—2015），德国古典学家，他将考古学、金石学研究与文献、文本研究相结合，以整个古代近东为背景，研究希腊、希腊化时代的神话、宗教和仪式，自20世纪60年代以来影响了数代宗教学者。

式概念。在史密斯看来，“仪式是这样一种手段，它展演事物应然之态，刻意与事物实然之态形成冲突，从而使得仪式化的美化在日常的、不受控制的物之进程中得到重新显现”。史密斯认为，表达出无序的日常生活与仪式制度化的、重复的、理想化的完善状态之间的紧张关系或差距，正是仪式的首要功能。仪式是对理想状态的一种展演，但又与乱糟糟的生活息息相关。对史密斯来说，仪式是一种特殊的文化空间，生活可以在这里得到想象、展演、观看、实践、纠正，然后充满希望地在日常生活中重现——但必须理解仪式与日常生活之间存在的差别或距离。仪式在某种程度上是行为典范，但从更深刻的层面上来说，仪式揭示并表现出了对实然状态与希望状态、现实与遥不可及之物、实际情况与可能性之间的距离与紧张的体验。

仪式建筑学

随着从旧石器时代推进到新石器时代（大致为公

元前10 000—前3500年），我们有了更多的考古学资料可作为早期人类社群仪式理论的基础。如果说洞穴艺术代表着旧石器时代文化的成就，那么新石器时代的一个基本特征就是大规模建筑工程的普遍出现。土耳其南部的哥贝克力石阵（Göbekli Tepe）是现存最早的巨石建筑之一，大约建造于11 000年前，比吉萨大金字塔的建造时间还早7000年，这令人震惊。这处遗址位于一个偏远的山区，距乌尔法（Urfa）[1]的居民区不远。哥贝克力石阵不住人，也不是墓地；相反，人们往往跋涉数英里到这里来工作或朝拜。

在大型石灰岩块和柱子（最高的约5.5米，重16吨）上清晰刻画的浮雕包含了拟人的形态、几何形状，以及各种动物——蛇、蝎子、蜘蛛、羚羊、狐狸、鸭子和鳄鱼。石柱排列成嵌套的同心圆，形成一系列小空间，又与墙、石凳交叉相连。各个空间的大小不一，可以容纳的人数从数十到上百不等。目前出土的石柱已经有200多根，越靠近建筑中心的就越

1 乌尔法，即尚勒乌尔法，土耳其东南部城市，尚勒乌尔法省的省会。古称埃德萨。

大，表面修整得越好，浮雕也越细致精美。

克劳斯·施密特（Klaus Schmidt）是这处遗址的主要调查者之一，他将哥贝克力石阵称为世界上“第一个神庙”、一处“宗教圣殿”。众多调查过遗址的考古学家都同意，它的主要功能是宗教和仪式中心，而不是居民点。这个事实也动摇了学界对新石器文化发展历程的既定观点。标准的文化进化叙事告诉我们，这个时期实现了以农业为基础的转折，人类从小规模、游牧、狩猎采集群体，发展为较大的定居社区。随着农业和永久定居点的兴起，新的社会组织形式亟待出现，从而促进合作，设立劳动分工，维持大规模社区生活的社会地位和阶序特征，宗教和仪式也应运而生。施密特提出，哥贝克力石阵提供的证据让这种叙事变得复杂。他认为，这处遗址可能对农业转折和较大社区的集会活动具有非常关键的作用。按照施密特的解释，住在哥贝克力石阵辐射区域内的采集者群体，聚在一起修造了一个大型的神庙群，这个行为本身又推动了更加永久的、以农业为基础的聚落兴起。

> 这些建筑的功能只能界定为与仪式相关，没有什么民用日常功能是经得起推敲的。显然，哥贝克力石阵不是一个拥有一些仪式建筑的新石器时代早期聚落，这整个区域都主要用于仪式。它是一处高山圣殿。

换句话说，这里的建筑、艺术和仪式活动都不是为了服务于社会组织——如社会学传统的仪式起源及其功能观点所言——而是源于对本体论探索的兴趣和观点，从中产生了最早的有组织的宗教形式。施密特构想了社区盛宴的情景，击鼓、歌唱、跳舞，开始对象征敏感，并形成描述物质世界与精神世界之间关系的更加复杂的本体论。哥贝克力石阵在施密特的解释中，是一处早期崇拜仪式的场所，是德尔菲和奥林匹亚那些神庙的先驱，吸引着从周围盆地前来的朝圣者。

对像哥贝克力石阵这样的遗址出土的证据所做的解释，质疑了仪式与场所之间的关系。当我们解释来自过去的资料时，我们自身所带的文化假设也会显现出来，其中在学术界和大众思维里一种最为常识性的观点，是将神圣与世俗作为截然不同的文化领域加以区分，这可能是一种独特的现代观念。施密特的观点潜在地基于迪尔克姆（Emile Durkheim）的观点。迪尔克姆引入了神圣与世俗的两分法，作为理解宗教现象的基础。我们就仪式通常会做出的一种假设是，它与日常生活是分离的，因此需要一个特别的场所。在考古学理论中，新石器时代早期的神庙或神龛成为仪式的家，是让仪式“发生”的地方。这个词是乔纳森・Z. 史密斯提出来的，他主张仪式主要是场所的特定化。

按照史密斯的理论，行为会变成仪式，在于它所发生的地点。史密斯为自己的理论引入了一个两分法：仪式，正因为不寻常，所以会在不寻常的地点发生。对史密斯来说，史前时期和古代的神庙仪节是仪式的典范。他认为，仪式会发生在具有重要象征意义的时间和特殊的地点，一群人聚集起来展演或执行一系列特定的行动。然而，仪式与人们日常的行为截然两分而且必然与超自然或宗教因素相关的观点，其实是现代西方理性思维的重要组成部分。罗纳德・格里梅斯[1]曾批评过史密斯关于仪式的特殊场所理论，他认为史密斯“将一个多维度的现象（仪式）还原缩减成了一个单独主要维度，就认为解释了整体”。格里梅斯倾向于用更复杂的方式分析仪式的多个组成层面，强调仪式是一种特殊的行为，而不是特殊的地点产生的结果。

两分法——自然/文化、神圣/凡俗、生/死，是西方知识传统的特征，但民族学已经教会我们，这样的截然两分对土著文化来说并不太适用。在土著文化中，仪式浸润在社会各个方面。与民族学研究一致，像理查德·布拉德利（Richard Bradley）这样的考古学家，以类似格里梅斯的方式提出，史前欧洲和近东多处遗址很容易引起怀疑是世俗（非仪式的）与神圣（仪式的）活动之间区别的证据。

人们是如何一下子就确认一个考古遗址是一处圣地（即举行仪式的地方）的呢？大体来讲，它必须与日

1 罗纳德·格里梅斯，加拿大威尔弗雷德–劳里尔大学荣休教授，研究领域主要为仪式和宗教人类学。他是剑桥仪式研究书系的主编，创办了国际仪式研究所并担任总监。他著有多部研究仪式的书籍，最近的代表作是《仪式研究技艺》（*the Craft of Ritual Studies*）。

常功用相隔离，放置着男女神灵的造像（再一次，特殊且与日常物品相区分），而且与日常居住场所相比，这些场所本身就显得与众不同（装饰华丽，结构复杂精巧，面积之大超出实际功用，在审美方面颇有深意，设置在特定环境中）。布拉德利指出，我们会发现在上述论述中，学者们把从现代西方带来的关于仪式的两分法，反过来用到了石器时代。布拉德利用大师般老练的阐述，展示了现代社会越来越世俗化的体验，宗教和仪式都越来越边缘化以至于只能在特定场合中进行，这样的现状又导致考古学家们忽略史前时代社会中仪式与日常生活之间所具有的亲密关系。

神话与仪式学派

20世纪初，在用古代近东和地中海文化来探讨神话与仪式关系方面，涌现出了一批颇具影响力的著作。青铜时代晚期和铁器时代遗留下了一种新的资料——书面文献，能让我们理解早期社会中仪式的本质和功能。詹姆斯·弗雷泽（James Frazer）写就了影响深远的《金枝》（*The Golden Bough: A Study in Magic and Religion*）。这套书分12卷，在1906年至1915年间陆续推出，将古代文学、神话和圣书文本的比较研究与新兴的民族学和考古学发现结合在了一起。弗雷泽的著作，与罗伯逊·史密斯（Robertson Smith）及他们之后的那一代学者的研究一起，被宽泛地称为“神话与仪式学派”。这批学者的共识是，神话与仪式是紧密相关的（但他们在细节上又存在争议），而且都始终对理解仪式与戏剧之间的关系充满兴趣。

其中，弗雷泽的《金枝》尤其具有影响力。他在书中表达的核心观点是，有一种普遍的模式或结构潜藏在所有仪式（和神话）中：一位保障土地丰沃及社会和谐有序的神灵或圣王的死亡与重生。弗雷泽写道：“阿多尼斯的死亡与复活典礼，必定是对植物生命的腐坏与新生的戏剧表征。”与植物有关的神灵有很多，比如阿多尼斯，他是古代希腊神秘崇拜的核心。除了阿多尼斯和奥西里斯的神话，弗雷泽还关注了狄俄尼索斯的。这位神祇的“受难、死亡和复活在献给他的神圣礼仪中得到展演”。其预设是，在这些古代文献记载的神话和故事背后存在献祭仪式。弗雷泽把季节性新生的母题与涉及死亡与重生的献祭仪式的神话联系在一起，提出有关仪式的三个点。第一，原初的仪式形式是血祭。第二，仪式表征了自然过程或神话历史事件或叙事。第三，仪式本质上是巫术的实现，其支撑观念是“单纯通过模仿，你就可以得到任何想要的效果”。

弗雷泽将仪式描述为“戏剧性地展演”，由此为后来所称的剑桥仪式学派搭建了舞台，其成员包括古典学家吉尔伯特·默里（Gilbert Murray）、弗朗西斯·康福德（Francis Conford）、简·哈里森（Jane Harrison）。剑桥仪式学派主要研究古典文本，提出了戏剧起源于仪式的理论，其含义是：我们早期仪式的痕迹，确实保存在了古典文本中，不过是以隐晦和变形的方式。雅典酒神节上正式的酒神赞歌合唱——由多组至多50名男子或男孩组成的团体进行歌舞竞赛，据说就起源于狄俄尼索斯的崇拜仪节。而一种文学与戏剧形式——悲剧，据说是从酒神赞美诗演化而来的。哈里森认为，仪式与戏剧的区分在于，前者是群体参与，而对于后者，观众只能超然地观看。

弗雷泽和剑桥仪式学派提出的各种理论如今基本已经不再有人相信。大多数学者认为，他们的主张并没有证据可支撑。在对其进行批判反思之前，让我们来看看献祭仪节，因为献祭对“神话-仪式学派”具有举足轻重的作用。此外，近些年来，人们重新开始对献祭感兴趣，这主要是由勒内·吉拉尔（René Girard）[1]的文学批评著作推动的。

献 祭

献祭行为和制度在古代近东、印度河、地中海各个社会中都很常见。公元前303年，在罗马皇帝戴克里先（Diocletian）统治20年的庆典上，一个纪念碑在罗马竖立起来。支撑巨大圆柱的三角基座上满是凯旋与献祭的场景：皇帝身着盛装，荣耀无限，

1 勒内·吉拉尔（1923—2015），文学理论家，当代最有影响力的思想家之一，法兰西学院院士。下文将要谈到的正是他最著名的“模仿”理论，参见其代表作《替罪羊》《浪漫的谎言与小说的真实》等。

站在焚香的祭坛上，众多神灵随行，被称为“三牲祭”（Suovetaurilia）的仪式所需的动物和人员也环绕在侧。这个仪式的名字源于所献祭的动物：一头猪（sus）、一只公羊（ovis）和一头公牛（taurus）。举行三牲祭的场合有很多，官方人口普查启动时、军队凯旋时、周年大庆时、弥补仪式中犯下的错误或逾越行为时，以及农业节庆时。

罗马文献中关于农业节庆的描述谈道，各个家庭会通过禁欲、沐浴、身着白衣、头戴花圈等方式来净化自己。之后，他们会带着各种牲畜，绕行田地三周。在宰杀牲畜之前，他们会不断祈祷。宰杀后，人们会检查牲畜的内脏，查看是否有凶兆，如果有不吉的迹象，就需要再献祭另一头牲畜，如此反复，直到寻找到最完美的那只。内脏和骨头会用脂肪包起来，放入祭坛焚烧，其他能吃的部分将在欢宴中被享用。这么做似乎是为了确保获得大丰收，通过绕圈及用选中的动物安抚或喂饱神灵和各方力量的方式来保护田地。我们也能想见，其后的欢宴是欢庆和社交的场合。一些类似的为民事和政治目的而举行的仪式，则可能更加庄严肃穆。

图3 这是一幅罗马祭坛浮雕的局部，描述了一场献祭游行。女人们在演奏里尔琴和长笛，士兵们站在一旁，一位祭司在随从的簇拥下泼洒祭酒，为献祭一头公牛做准备。在基督教诞生之前的地中海区域，献祭仪节是异教徒的宗教和世俗生活的一大要事

献祭传统在戴克里先的时代必定已经非常悠久了，就如同戴克里先对我们的时代而言那般悠久。视觉文化中留下了丰富的关于献祭仪节的记录，它们大量出现在我们最古老的文献和文学作品中。我们翻开荷马史诗《伊利亚特》，几乎每一页都能看到献祭：

> 人们立刻开始为阿波罗的献祭做准备，
> 在他那修建精美的祭坛周围放满牛牲，
> 之后，人们洗净双手，拿起大麦。

克律塞斯[1]展开双臂伸向天空，

用高亢的声音念出祷文：“请倾听我的声音吧，阿波罗！

昂首阔步走在克律塞斯殿中的，那位身佩银弓的神祇……”

众人祈祷完毕，扔掉大麦后，

立即将牺牲的头颅向后仰，割断喉咙，剥下毛皮，

从股骨开始割下肉，包在脂肪里……

这一切做完后，欢宴开始，人们大吃大喝，尽情享用……

整整一天，

他们用歌声安抚这位神祇，让绵长的旋律传递给身在远方的持弓神祇，他能赶走瘟疫，

那些年轻的爱琴武士们歌颂他的力量，

而阿波罗倾听着，他伟大的心中充盈着欢悦。（1·534–566）

1　克律塞斯（Chryses），阿波罗神庙的大祭司。

荷马所描绘的献祭，主要是为了安抚神灵，同样也是为了激发社区团结欢快的气氛。平息战争的破坏力，避免瘟疫和不幸的发生，这些都借由分享食物、共同欢庆来实现，从而让战士们重归更加温和、友善的氛围之中。

关于献祭，文学评论家勒内·吉拉尔提出了一种影响更为深远的理论。在吉拉尔看来，暴力不只是本能的宣泄或内在敌意的发散，也并非主要是由捍卫领土或争夺资源引发的。相反，暴力是吉拉尔所称的“模仿欲望”（imitative desire）的结果。吉拉尔认为，我们都是模仿的产物，我们不仅模仿他人的行为，也模仿他人的欲望。一旦人们想要得到别人想得到的东西，就会引起社会冲突。托马斯·霍布斯（Thomas Hobbes）把“自然状态”称为“所有人对所有人的战争”，其实就指出了冲突是如何迅速恶化为无序狂乱状态的。

霍布斯等社会契约派理论家认为，在一片暴力和狂热之中，更冷静的头脑终究会占上风，人们会通过理性和自愿的行为对社会暴力设定界限、做出制约。但吉拉尔却对这种观点嗤之以鼻。他研究了各种人类学调查资料和文献记录，找到了他称之为“唯一牺牲者机制”（single victim mechanism）的证据。这是一种自发的、偶然的、无意识的发现，当每一个人都将自身的暴力指向同一个个体——牺牲者时，社会秩序与和谐就实现了。众多起源神话中都提到过一场具有奠基作用的谋杀，那是文化的起源，如亚伯与该隐的故事。吉拉尔说，文化是建立在集体谋杀基础上的。当人们在一片集体暴力的狂热中变得嗜血，自发地联合起来针对一个牺牲者时，文化就开始了：“所有人对所有人的战争”变成了“所有人团结起来针对一个人的战争”——由此产生了替罪羊。而从替罪羊牺牲的尸体中演化出来的，就是献祭崇拜仪式。它是所有人类文化的基石。

吉拉尔强调，早期社会中的人们并不知道自己在做些什么。从暴力到秩序的转化力量过于强大，以至于人们敬畏它，产生了神圣的概念和体验，而被献祭的牺牲者成为神灵。吉拉尔称，这个错误是一种必要的错觉，因为这些社会找不到其他方式来维持秩序，而献祭只有在人们相信它是一项神圣而非人为的要求时，才能起作用。宗教的起源和存续依赖于压制、掩盖、替换任何有关自身暴力起源的证据。献祭创造了神圣的暴力与普通的暴力之间的区别：神圣的暴力或献祭，是“好的”暴力。如果这种区分无法维持，那献祭具有的维持秩序的力量也就土崩瓦解，其他诸如法律和司法体系等机制将成为必要。吉拉尔把社会中区分“好的”和“坏的”暴力的质疑，宽泛地称为“献祭危机”。一个著名的例子是希伯来先知的举动，他们猛烈抨击神庙的献祭制度，呼吁用怜悯、公正与和平来替代残酷的献祭。

学术理论，学术狂想

世界上各个神话传统中都有着丰富的关于人类起源的故事。对社会科学来说，有关人类文化起源的问题像神话一样重要。学术界对我们人类的起源，以及文化和法律、宗教和戏剧等社会机制如何创生的兴趣，在现代虽有起伏，但始终没有消退。在达尔文及其进化论问世之时，起源问题是生物学、人类学和比较宗教学的前沿和核心问题，之后边缘化，直到近些年才再次复兴。学者对人类起源的观点，到底是理解为理论比较好，还是理解为狂想比较好呢？这个问题尚无定论。仪式在人类进化最早阶段的作用和功能是什么？学者们给出的答案大都是思辨性质的：萨满教式的沉迷，以及高端认知能力的出现；建造仪式场所，作为生存需要和利益的表达，催生了大型的定居社会，以及神圣与凡俗的区分；献祭作为一种必要的控制暴力的机制，神圣的和宗教的体系由此而生。这些阐述虽然非常迷人，但不能全信。

众多探寻起源的学者（在他们自己看来）是在追寻，对他们所处时代的宗教（主要是基督教，强调死亡与重生）如何起源于史前的生育崇拜和献祭礼仪的更加合理、科学的解释。这种解释当然很切合神话和仪式学派，他们也对仪式充满了怀旧之情。在19世纪末20世纪初的欧洲，仪式已经衰落，普遍被视作一个不那么文明时代的遗存。回望遥远的过去，我们发现仪式无处不在，这反而更强化了它已四处缺席的现实。

吉拉尔关于献祭的理论非常吸引人，但与神话和仪式学派一样，它主要基于文本研究，带着一种启示的色彩：基督教出现了，揭示出原始社会中宗教与暴力本质上等同这一事实。一批神学家、文学评论家和哲学家提倡和推崇吉拉尔的理论，但利用民族学方法调查研究保存着献祭仪节的社会的人类学家，却找不到证据来支持吉拉尔的观点。例如，沃尔特·冯·贝克（Walter van Beek）就研究过喀麦隆和尼日利亚的献祭仪式，在他收集的资料里，找不到可以用来支持吉拉尔理论的证据。

> 根据勒内·吉拉尔的观点，替罪羊功能是献祭的基本功能，但事实上仪式中的暴力并不能产生共识……吉拉尔这样的理论家过分强调了杀戮暴力行为；而我已经讲过，仪式献祭，不论是在家庭、村镇还是街区，和一场大规模聚餐造成的杀戮也差不多，甚至还不如一场大型宴会……起主导作用的并不是屠杀一头公牛造成的震撼，而是共享大量肉食带来的喜悦。

对我们那些生活在旧石器时代晚期和新石器时代的远古先祖来说，仪式的本质和功用到底是什么？他们的仪式生活是怎样的？当然，这些都是最难回答的问题。我们不仅要穿越漫长的时间，而且拥有的资料少得可怜。与骨头不同，仪式像音乐、表演和口头语言一样，是不会变成化石的。我们可以清楚界定骨骼和其他一些考古遗物的年代，但物质文化遗存仅仅能帮我们重建仪式和表演的形式，姿态、手势、情绪、节奏、意图等只能靠推断和想象了，而当我们在书面文本的基础上提出仪式理论时，要格外小心谨慎。

吉拉尔称，在献祭中，“所有仪节结合在了一起”——仪式、治愈和巫术、节庆、司法仪节、希腊悲剧。在吉拉尔充满创造力的书写当中，这些都起源于血祭：“所有宗教仪式都源于那被当作替罪羊的牺牲者，所有人类的伟大仪式，无论是世俗的还是宗教的，都起源于仪式。”这实在是非常大胆的论断，“所有都能归结为”式的理论总的来说都太野心勃勃。为所有的文化制度寻找一种原始的仪式作为共同先祖，虽然很新奇，但通常只是学者制造神话的一次演练而已。

|第三章|

仪式与社会

03

仪式化具有功能或目的，它增加了种族存续的可能性。从功能主义的角度来思考仪式一直是社会科学研究的一个焦点。其总体假设是，既然仪式普遍存在，而且总的来说是集体性、公共性的，那就必定服务于某种对社会有用的目的。仪式能做什么呢？20世纪上半叶社会学和人类学理论界给出的主流答案非常清楚：仪式，不论是世俗的或是神圣的，都让群体团结起来，通过创造并维持意义、目的和价值观的秩序，发挥让群体和谐的功能。

迪尔克姆：团结与欢腾状态

迪尔克姆[1]主要依据自己对澳大利亚土著的民族志研究，写就了影响深远的《宗教生活的基本形式》（*The Elementary Forms of Religious Life*，1912）。在书中，他提出宗教是基本的“社会事实”（social fact）。迪尔克姆将宗教的普遍存在视为它具有社会功能的明证。他的观点是，宗教传统里蕴含的宇宙秩序，其实是社会秩序无意识地外部投射和放大。由于天堂被视为人类社会的来源和模范，社会制度和日常生活的形式和风俗从那里获得了合法性和长久性。迪尔克姆进一步提出，宗教观念、信仰和价值观源于社会实践，尤其是源于社会中主要的仪节和典礼。仪式并不是简单地确认和强化了社会秩序。迪尔克姆提出，仪式起到了奠基性的作用，创立非常神圣的或（世俗）社会的秩序及其相应的成员身份、社会角色、地位体系和阶层。通过迪尔克姆之手，仪式在现代学术界被塑造成创造和凝结社会的锻造炉和黏合

1　迪尔克姆（1858—1917），法国社会学家，与卡尔·马克思及马克斯·韦伯并列为社会学的三大奠基人。

剂。这个观念以不同的形式盛行于社会科学界。

按照迪尔克姆派的学术传统，仪式完全是关乎传统的。仪式天然就是一种保守的制度，它把人们团结成一个集体，鼓励他们从过去寻找榜样和指引。迪尔克姆强调仪式在创造团结（solidarity）方面的作用。这个词既暗含有重如橡树的力量，又指代一个蚂蚁窝内和谐有序的运转状态。这个学派大量谈论着“内聚”（cohesion）、“均衡”（equilibrium）和“整合”（integration）。可是，迪尔克姆并没有把仪式牢牢地与一种死板的传统联系在一起，而是描绘了仪式创造“欢腾状态”（effervescence）的能力，这个词引申出的意味有安乐、集体欢乐、热情洋溢和欣欣向荣。但迪尔克姆思想的这个维度往往被忽略了。

> 想要强化一旦独处就会消散的情绪状态，要务之一是让所有人共享更加亲密和动感的关系……集会是一种相当有效的催化剂。一旦人们聚集起来，一种电流就能从他们的亲密接触中产生，并迅速让他们进入一种异常欢快的巅峰状态……可能因

> 为集体情绪没有某种允许动作和谐和整齐划一的秩序就没有办法表达出来，集会中的动作和喊声都倾向于具有节奏和规律，并融入歌唱和舞蹈之中。

在这里，迪尔克姆描述了对神圣的体验是如何通过仪式行动产生的。此后，这种思索引发了维克多·特纳[1]（Victor Turner）对共同体（communitas）的探讨。这是一种在仪式中模糊自我与他人的界限，或使两者融合在一起的体验，从而产生一体感与和谐共融的状态。

对迪尔克姆来说，社会的存在本身正是需要解释的东西。社会是团结感和欢腾状态，而这是仪式展演的结果。迪尔克姆思想的启示之一非常清楚：没有仪式，就没有社会。

人类学家罗伊·拉帕波特写道："人类是一个依赖且只能依赖意义生存的物种，而意义本身必须被发明出

1 维克多·特纳（1920—1983），英国文化人类学家，以对象征、仪式的研究而著称，与克利福德·格尔茨同为象征人类学扛鼎人物，代表作有《象征之林》《仪式过程》《从仪式到戏剧》《表演人类学》等。

来。”迪尔克姆若还在世，应该会欣然表示同意。从历史上看，意义、目的和真理的问题，一直都属于世界各种宗教处理的范围。在现代，众多其他领域也起到了类似的作用，比如科学、艺术、大众文化、体育、公民活动、志愿主义。人类的本能缺乏决定性，文化是对此的补充，是人类的第二层皮肤，告诉我们该想些什么，以及如何行动。对迪尔克姆、拉帕波特、克利福德·格尔茨（Clifford Geertz）[1]和彼得·伯杰（Peter Berger）这样的理论家而言，宗教及其世俗化的替代品都是象征体系，提供了某种蓝图或导航地图，若没有这一切，我们将迷失方向，无法将自身从环境中接收到的各种刺激有序归类。我们想要活下去，就要收集信息，不仅储存在我们的心理构成元素当中，还要储存在环绕着我们的文化商品当中，存在标示着实践成果的人类交互主体空间中——地图、衣物、食物、圣物、音乐、建筑环境、实

1　克利福德·格尔茨（1926—2006），美国人类学家，解释人类学的提出者，可以说是近几十年间在社会科学界被引用最多的人类学家。他基于对摩洛哥、印尼包括爪哇、巴厘岛等地的深入田野调查研究，对文化、知识的性质提出了新的看法。其代表作有《文化的解释》《地方知识》《尼加拉：十九世纪巴厘剧场国家》，以及自传性作品《追寻事实：两个国家、四个十年、一位人类学家》等。

践概念，以及仪节和表演。

拉帕波特将这辆思想列车开到了更远的地方。他主张，仪式并不仅是一种人类充满意义的行为，更是创造意义体系的最初和主要手段，为社会的产生奠定了基础，赋予社会生命力。尽管迪尔克姆赋予了仪式活动原初的也是最首要的地位，但他的思想中潜藏着一种理智主义（intellectualism）。迪尔克姆写道，仪式“仅仅是封存着思想活动的外层信封”，从中我们可以看出他推崇观念胜过行动。而拉帕波特恰恰相反，他认为，在人类进化的过程中，身体姿势交流和仪式行为早于其他形式的象征交流，也早于语言和观念形成。观念是仪式行为的产物。

一个社会中可辨识的各种仪节，构成了拉帕波特所称的“祭礼秩序”（liturgical orders）。拉帕波特以宗教在人类各文化中无所不在为理据提出：

> 如果缺少我们（以共通的方式）所称的宗教，那人类就不可能摆脱前人类或元人类阶段。因此，可以这样假设（尽管几乎没可能验证），宗教的起源，即使不与人类起源

> 一道的话，也是紧密相关的……（此外）宗教的主要概念和经验构成，神圣的、超自然的、神秘与天赐的，以及它们融合进与神有关的，都是仪式创造出来的。

拉帕波特的论证非常细致复杂。他的立场是形式主义，以系统和逻辑的方式发展了仪式的形式化特征所具有的含义和结果〔他将其称为“衍生”（entailment）〕。他将仪式界定为“在一定程度上不变的固定行动和语言序列的展演，而这个序列并不完全由表演者编定”。鉴于各种文化中的仪式的内容或实质千差万别，因此仪式的独特性在于形式特征，而不是特定的内容。拉帕波特提出，仪式的形式本身就是一种元信息（metamessage），用于缔结公约、签署社会契约、形成观念、塑造价值观，以及生成并表征集体的意义和目的框架。

拉帕波特提道，仪式具有两大明显特征。第一，仪式具有形式化的、不变的结构。人们如果要参加仪式，就必须（哪怕只是默默地）赞同和遵从其结构。第二，如果不加以展演，那仪式就不复存在。拉帕波特认为仪式是一种可替代的次等媒介，用来表达本可以（或许）更简单表达的东西，就是会忽略仪式的独特之处：仪节需要展演。

按照迪尔克姆派的传统，一群人依靠共享对神圣的体验——具有终极价值的某物、某种观念或信仰，就形成了社会。拉帕波特主张，让人们围绕共同的神圣感凝聚起来，最好的或许也是唯一的方式就是仪式。拉帕波特的观点是，经由共享且相对不变的展演，仪式达到了一种永久、恒常、可信、确定、圣洁，甚至真理之感，一种对无法经由其他方式获得的对世界的总体态度和体验。

迄今所有仪式理论中，拉帕波特的理论可能是最强调仪式的核心地位的。他强调仪式的功能，乃至它对社会生活的必要性。然而，我们很难想象，有一种人类行为会具有如此基础的效用。拉帕波特的理论在处理现实经验中的仪式变迁问题时也有更进一步的麻烦。最后，他对社会团结和圣洁体验的强调，似乎忽视了另外一个经验事实，即大部分仪式都充满了明显或隐晦的冲突，并服务于权力和控制的目的。

仪式、政治和权力

在一篇关于权力象征主义的论文中，克利福德·格尔茨写到了“王室巡游”（royal progresses），它“用仪式的统治标识勾勒出领土范围，确立社会的中心及其与超越性事物的关联。国王们巡视国家各处，四处露面，参加盛宴，授予荣誉，交换礼物，惩治对手。他们这么做，如同一只狼或老虎在自己领地各处留下气味，几乎已经成了生理上必要的组成部分”。

王室巡游只是为政治权力服务的众多仪节和典礼制度中的一种。游行与阅兵、纪念仪式与周年庆、加冕仪式与就职仪式、升国旗与唱国歌、夸富宴和教皇飞地设立：这些仪节从根本上说大多是政治性的，或具有重要的政治含义。

一项一直延续近千年直到1797年的制度——定期游行，对威尼斯总督的政治、法律权威和当地公民生活具有极为重要的意义。主要的民事官员会每年十几次甚至更多地巡行于城中各条大街，携带象征权威的信物。据说信物是1197年教皇亚历山大三世赐予威尼斯总督的。这些游行通常发生在教会年历的节庆日子里，终点是圣马可大教堂，其大量借用了教会仪节和象征，却服务于政治目的。

这些游行得以将奢华的财富展示与庄严的虔诚之心结合在一起，在欧洲广为人知。仪仗队按社会等级和地位线性排列，揭示了阶级、年龄和性别差异。在现代初期，构成日渐兴起的城市社会的各个阶层，通过有繁复的等级结构的公共市民仪式得到体现和区分。游行表现并再生了社会政治秩序的结构特征。仪式为社会阶序、地位体系和权力关系提供了模型，这是仪式理论中流传甚广的一个论断。

威尼斯的游行是市民仪式的一个例子，这种政治导向仪节在不同时空都很普遍。在18、19世纪的欧洲与北美洲，民族主义开始承担起之前宗教传统形式发挥的社会融合作用。历史叙事（神话）、纪念建筑和雕塑（圣地）、传奇人物（开创者和英雄）、宪章和宪法（神圣文本）、公共典礼（仪式），以及市民假期（历法）共同作用，形成了一套与民族国家相关的集体信仰、价值观和身份认同结构。这种新型的以民族为导向的世界观，意在取代更古老的向某种宗教告解的模式。例如，一个人不再首先是路德教徒、加尔文教徒或天主教徒，而是德国人、法国人、英国人。这种替换的努力并没有完全获得成功，人们的身份认同是多元的，告解模式与民族国家认同在欧洲和美洲都以复杂的方式交织在了一起。

图 4　这幅 16 世纪的版画描绘了总督带领游行队伍穿越威尼斯的街巷。绘者是约斯特·安曼（Jost Amman），这位艺术家受命绘制了一系列详细描绘这场典礼的绘画。游行作为威尼斯共和国仪式的核心，是彰显和巩固政治权力与权威的一种手段

我们可以在德国维滕堡找到公民宗教的一个例子。维滕堡是德国宗教改革发生的地方，是马丁·路德当年居住、生活的地方。整个19世纪，直至20世纪早期，德意志皇帝开始逐步把维滕堡塑造成为一个具有象征意味的典礼场所，作为打造一个统一德国策略的一部分。修建纪念碑，开办博物馆，重建教堂，上演典礼。德意志皇帝威廉二世不吝巨资，将1892年的宗教改革日节庆，打造成了值得纪念的事件。福音教派最高级别的教士们参加了庆典，德意志议会议员们也同样到场。威廉二世亲自邀请英格兰和荷兰的女王，以及丹麦国王和瑞典国王莅临。威廉二世本人从维滕堡火车站巡行到了重新翻修过的城堡教堂。威廉二世参加了其中关键的一场庆典，他的王座设在一个专门为此次庆典建造的高大舞台上，可以望见青铜门（Thesesenportal）——一组巨大的青铜门，为纪念路德充满传奇（或许是虚构的）地将《九十五条论纲》贴在大门上的举动。青铜门的建筑师用一个软垫托着一把金钥匙呈上来。皇帝走下王座，站在由他的先祖腓特烈四世捐给教堂的大门前，在德意志及欧洲的政治、经济和宗教精英的见证下，把这把钥匙交给了福音教派的领袖，后者以夸张的恭敬态度接过了钥匙。宗教与政治在一件象征物中，通过礼仪糅合在了一起，将路德的故事在民族国家创建的过程中展演并变为神话。

埃里克·霍布斯鲍姆（Eric Hobsbawm）与T. O. 朗格（T. O. Ranger）在他们那本受到马克思主义思想激发的讨论“传统的发明”的论文集中，阐述了现代民族国家如何利用这样的典礼场合来“不断重复教导某种价值观和行为规范，从而自然而然地展现出与过去的一脉相承关系”。霍布斯鲍姆认为，传统是被发明出来的，这种本质必须被隐藏起来，以不容置疑或亘古不变的形式，让传统获得权威。通过仪式彰显和再现是一种发明新社会秩序形式的方式，同时也掩盖了发明的轨迹。2011年11月，加拿大政府举行了一场盛大的阅兵仪式和典礼。在庆典中，一架战斗机飞过渥太华的国会大厦，以纪念加拿大军队在推翻利比亚卡扎菲政权这场辉煌胜利中所做的贡献。这场典礼标志着加拿大公共生活中出现的某种新事物，将加拿大军队的形象从传统的“和平维护者”转变为对全球冲突和战争更加有力、活跃的干预者。这场庆典引起了很大的质疑：加拿大在军事方面一直以来并未旗帜鲜明地积极用兵。但无论如何，在影响公众舆论、动员公众支持方面，仪式确实是一种有力的工具。

尽管后现代的情趣在于不断质疑，但从本质上来说，结构、秩序和阶层并没有错，因此，对权力和权威行使起过作用的仪节和典礼，无论是宗教的、政治的或其他类别的，本质上也没有错。人们需要通过展演来确认自己的信仰，而仪式对很多人来说肯定是集体认同的来源，也是各种维度的社会秩序的宣扬方式。欢腾状态、团结和共同体等常常与集体仪节相伴，遏制了动荡、失序和混乱，创造了与他人充满意义和目的的互动。不过，按马克思和批判性理论的立场，大量针对社会“结构”的质疑是有理有据的，仪式所起的支持作用也是如此。仪式或许是一种社会黏合剂，但如果它黏合起来的是一个控制、压迫和剥削的体系呢？

仪式的政治有效性维度一直以来都遭受着质疑。来看看马克斯·格拉克曼的著作《部落社会的政治、法律与仪式》（*Politics, Law and Ritual in Tribal Societies*）中的一个段落：

> 部落的仪式戏剧化地表达了群体中的道德关系……仪式非常有效，因为它展示了社会生活中所有固有的紧张关系和摩擦。通过戏剧化展演众多团结纽带和其中的种种冲突，主要的忠诚关系得到确认……通过确认主要的忠诚关系为不可置疑的，仪式掩盖了社会结构中根本的不和谐。

在这里，我们察觉到了一丝对仪式的怀疑意味。仪式“掩盖”（神话）了社会结构中固有的“不和谐”（不平等），让它们看起来似乎是自然而然的或超自然的，而不是人类发明出来的。与迪尔克姆相反，格拉克曼不是从一致与和谐的角度来思考仪式，而是从一个社会张力场域的角度来思考，其中蕴含着任何社会群体中都固有的合作与斗争。仪式与其说是确认和团结，不如说是展演差异与无序，从而减少冲突爆发的可能性。

沿着这条思考路径，格拉克曼界定了一种他称为“反叛仪节”的仪式。他在非洲东南部的祖鲁人中间做田野调查时发现那里有一些仪节，大致与生育相关。仪节中，女孩和妇女公然跑到街上，穿着男人的衣服，做着一般完全由男性操持的行当——放牧牛群。在这些仪节的某些阶段，她们还会裸体，诅咒男人，唱淫秽的歌曲；而男孩和男人们却待在屋里，好像他们才是女人。在仪式的框架中，女性可以自由随意打扮为男人，还能做出羞辱、淫秽的举动。格拉克曼提出，这种行为需要在特定社会背景中来解释：女性总的来说比男性地位低，因此在很大程度上也与经济和政治事务绝缘。格拉克曼把这些称为“酒神狂欢”仪节，类比于古希腊那些行为激进的狄俄尼索斯式女性。他认为，这些仪节使得抱怨和沮丧情绪能够在不严重威胁社会秩序的情况下得到发泄。借助仪式，通过技巧性地允许因性别不平等逐渐累积起来的紧张关系得到定期释放，祖鲁社会的父权本质最终得到确认和巩固。仪式被格拉克曼设想为一种最终为掌权者服务的灵活巧妙的手段。

在各个文化当中都有类似的“反叛仪节”。在中世纪晚期和近代早期社会生活中极其重要的欧洲狂欢节传统，可以一直追溯到罗马时代的农神节狂欢。这种公共庆典描绘出了一个“完全颠倒的世界”：低贱者登上高位，主人侍奉臣仆，奴隶成为国家官员，不过是在特定时间段里。狂欢节粗暴而欢庆的氛围，加上可以取笑位高权重者的机会，通常被理解为一种搁置和减缓阶级社会中紧张关系的方式，一种避免锅内的水沸腾过头的安全阀。按照这种思考路径，仪式主要是一种社会控制机制。

作为谈判的仪式

不过，我们也大可不必就仪式对社会的贡献持偏激和怀疑的态度。还有很多仪节似乎以更加开放和积极的方式处理社会紧张关系和失序的事实，而不是以简单的巩固方式。近年来，仪式以一种社会“谈判”形式的观念开始流行。

当运用于仪式上时，“谈判”这个词会让我们关注存在于各种仪节和文化表演中的讨论、反思和痛苦——以呼喊的方式表达出来，以冲动的方式传达，以标语的形式传播。在更严格的意义上，这个词指的是一种以旨在解决某些事务的谈判过程为基础的特定仪式：天主教教皇选举、西北海岸地区的夸富宴、新几内亚的猪宴（Kaiko）、19世纪的犹太婚礼、现代的法庭审判。这种谈判仪节的仪式框架必须足够灵活，允许调整和改动，但又要足够稳固，能容纳并最终解决差异：教皇必须被选举出来，双方父母必须达成协议，审判团必须做出裁决。

有一种可以想象为允许策略谈判的弹性容器的仪式类型，就是狂欢节。这种形式显然融合了灵活性、批判性、实验性和娱乐性。狂欢节一直被理论界定为“安全阀”机制，似乎仅仅是在挑战社会的权力结构，但它也被描述为批评、解放、破坏、更新的载体，是人们的“第二次生命”。更加折中的观点避免了在两种理论立场间做非此即彼的选择，声称狂欢节庆典是一个场域或舞台，容许身份认同、记忆、信仰和价值观，以及政治、经济和神圣力量进行谈判。

不仅某些仪式种类对文化和宗教谈判过程有所贡献，而且仪式和表演具有的谈判力量在某些社会历史时刻还会尤其重要，这些事件被维克多·特纳称为“社会戏剧”。特纳将社会过程描述为模式化的、戏剧化的行动。当社会生活常规模式被打破时，社会戏剧就会上演，如果不加以封锁或解决，可能会导致危机状态，使社会结构分裂成两个或更多相互竞争的群体。为了应对这种状况，诸如政治争论、法律程序或军事行动等纠正行为就出现了。但特纳最感兴趣的是仪式和其他文化表演形式作为纠正工具的作用。

仪式和表演都始终具有阈限和反思性质。“阈限”（liminality）一词源自拉丁文limen，意即门槛。一段门槛或门道调节并连接了两个不同的空间，一直以来都是转变和变迁的象征。在社会科学中，阈限这个概念提出和应用于变化及暧昧不明的、流动的和易变的时刻或状态。如果我们告诉别人，“好好看看镜子”。我们就是在建议（其实是在请求）那个人想想自己是谁，思考一下自己的行为举止、生活方式、过去做过的事、对未来的希望和计划。镜子是一个有阈限的反思空间。纠正仪式具有潜在的改变力量，因为它具有阈限的特征。对特纳而言，仪式允许“群体经验的内容被复制、遗忘、记起、重构以及沉默或有声地制造出意义”。如果成功了，纠正行为会让分裂的各方重新和解；如果不成功，它会加速危机，导致不可挽回的破坏，不可避免地带来社会关系彻底重构的结果。

特纳定义的社会戏剧的绝佳例子是宗教改革。仪式和公共表演的戏剧推动了由马丁·路德激发的德意志宗教改革：街道上的示威行动、模拟焚烧教皇、公开辩论、历史上一次伟大的审判（1521年的沃尔姆斯议会会议）、公开焚毁教皇要求马丁·路德忏悔的谕令，以及最重要的，一位公然反抗的修士与一位还俗的修女的婚礼（路德与卡塔琳娜·冯·波拉）。最终，想让宗教改革停留在仪式中的努力——正式的辩论、法律和教会的惩罚、审判——都失败了，路德被严惩，教会分裂。如果说有些仪式如同黏合剂，帮助社会维持秩序，那另一些仪式则像铁棍或锤子，让主导价值观、身份认同和信仰不再稳固。从重要的仪节和典礼的变化的角度来看，一部社会变迁史还有待写就。

唐·汉德尔曼（Don Handelman）[1]提出，学界对仪式与社会关系的理论大多可以归为两方阵营中的一个，各方都有一个基本的根源隐喻。汉德尔曼最关注的是公

1　唐·汉德尔曼，以色列耶路撒冷希伯来大学人类学教授，研究领域涉及传统和现代仪式、神话、象征、游戏和官僚制度等，代表作有《模型和镜子》《上帝的里里外外：西瓦的骰子游戏》《民族主义与以色列国家：公共事件中的官僚制度逻辑》等。

共事件，也就是较大规模的集体表演。两个理论阵营中的一个遵循迪尔克姆的传统，强调仪式塑造（以及由此创建、强化和合法化）现有价值观、社会地位体系和阶序的方式。模型是以微观的形式表征较大事物，模型飞机是真的、能正常工作的飞行机器的模型。但模型也能发展为现实事物的蓝图。一架新飞机要设计出来，首先要做一个模型，然后再根据模型建造。仪式也具有这种双重特性。例如，成年礼意在塑造成年时期的价值观、技能和态度。如果成功了，这项仪式就能让参与者产生变化。汉德尔曼将这类仪节定义为“塑形的事件”（events that model）。

第二个被公共仪式的理论阵营利用的是镜子隐喻，但是在两种非常不同的意义上。在汉德尔曼看来，镜子隐喻主要指“表征的事件”（events that present），也就是群体向自身表征自身的表演场合。在这里，仪式“镜子”的功能，用迪尔克姆派的话来说，是自我表征，其服务于巩固社会秩序，既是既有社会的模型，也是未来社会的模型，如威尼斯总督游行的例子一样。这些就是“表征的事件”，使它们表征的事物合法化的事件。

维克多·特纳把结构主义的传统带到了自己的田野研究当中，他坚持镜子隐喻，但又为其添加了公共和多重反思的观念。例如，如果群体欢庆是这个群体的一面镜子，那么它不仅消极地反映社会结构，还制造了一个能够看到、体验到和反思的影像。按特纳的观点，仪式不必仅被理解为社会结构的表现——这个观点让抽象的“社会”高于其更具体的表象之上，我们的仪节和表演也可以是观念、反抗和社会变迁的载体。汉德尔曼将这些称为“再现的事件”（events that represent）。这个视角下的仪式就像社会的一角，是社会自己裁剪下来，供自己观察、反思及展开批评的。

关于仪式与社会关系的观点和立场围绕着几个二元性。仪式是服从的举动，还是创造的力量？仪式是严格复刻社会秩序，还是更有延展性地展演了社会变迁的动力？集体仪节创造出了团结的经验，还是强化了阶序和不平等？仪式有利于巩固权力，还是反抗的工具？在仪式研究的历史上，20世纪70年代，随着维克多·特纳及其他一些学者的研究开始背离结构主义传统，转而强调仪式的批判和创造潜能，一场仪式理论的彻底变革出现了。当然，关键不在于决定支持这些二元性中的某一方，而是如何更好地理解公共仪式复杂的特性。有些仪节保存、传承和保护传统，另一些则充满创造力、批判力，并被策略性地用来展演变迁。尽管我们倾向于赞颂创造力和变迁而非守旧和传统，但仪节必须在相应的社会情境中来加以评估。变迁并不总是好的，传统也并不总是压迫性的。

|第四章|

仪式与变革

04

变化是天经地义的：四季流转，蝴蝶羽化，山川蚀刻。人类也在变化，生老病死。但社会也在创造旨在积极促进变化（或用色彩更强烈、没那么顺其自然的词——变革）的文化形式和制度。有很多仪节都充满与变革有关的象征和过程——治疗仪式、葬礼仪式、巫术、献祭、倒转仪式、通过仪式。例如，献祭仪式将一种世俗之物或平常的生物转化成某种更有价值和潜能的东西。

仪式是与技术性、工具性活动相区分的某种事物，但仪式也旨在完成某些事情。将仪式与变革关联在仪式研究中也很常见。以下是一些例子：

1. 罗比·戴维斯–弗洛伊德（Robbie Davis-Floyd）以她对医院分娩过程的研究而著称。她将这一过程也在理论上归类为一种通过仪式。她曾称，仪式“最主要目的就是变革”。

2. 汤姆·德赖弗将“变革”确定为“仪式对社会生活的三大赠礼”之一，另两个是“确立秩序和社区生活的开拓深化”。

3. 唐·汉德尔曼和加利纳·林德奎斯特（Galina Lindquist）新近主编的论文集《就仪式论仪式》（*Ritual in Its Own Right*）聚焦于仪式中的“变革动力”。

人类学家安东尼·华莱士（Anthony Wallace）在其1966年的著述中，将宗教界定为“一组由神话提供理性支持的仪式，动员了超自然力量来达到促成或阻止人和自然的变革”。

对一种结果导向的文化而言，任何一种行动要有价值就必须有用。对仪式功效的讨论在一定程度上是由当代文化对功效的推崇驱动的。当然，并不是所有的仪式都因其功效受到肯定。一场宴会可能会产生一些影响，但如果我们说让我们庆祝一下来达成某些事情吧，这听起来非常古怪。不是所有的仪式都与工作、权力和变革有关。加以赞扬并不一定是基于结果——它是献给宇宙的一声欢欣的呐喊。不过，显然有些仪节是旨在达成某种特定目的的。从仪式参与者角度来看，治愈仪式旨在让病人变得更健康，驱魔仪式是为了驱逐上身的神灵或魔鬼，献祭仪式是为了安抚神灵或获得他们的青睐。仪式理论家研究仪式的时候不仅把它当作只重形式的或表达性质的，也会看到它带来的现实影响和实际功效。

因为许多仪节旨在达成某种特定目的，功效是仪式与其他种类的行动相区分的一种方式。我们可以想想迈克尔·豪斯曼的阐述。他写道："仪式行为，如果说是有功效的……会不可逆地以可感知的方式影响到日常的交流：前和后不相同。从这个角度来看，仪式化是非常严肃的事情，它的功效完全不同于参与（或观看）一场比赛或观察（或参与）一次精彩的表演得到的愉悦。"维克多·特纳也做过类似的区分，他将严格意义上的ritual（以变革力量来界定）与更带有社会保守色彩的cereomony区别开来。

自我在仪式中经历的变革，可能是存在意义上的，也可能是认知、生理、地位上的，或兼而有之。一项仪节到底达成了什么东西取决于你问的是谁。对纳瓦霍人来说，吟诵仪式（chantway rite）让身体、社会和宇宙重新获得了和谐。对一名社会功能学派的人类学家来说，仪式让社会井然有序。对一名马克思主义者来说，仪式既实现又固化了社会不平等和阶级关系。人们看到什么，取决于他看待事物的方式。

关于仪式功效的广泛讨论，可以归结于豪斯曼的“如果它具有功效”这句话。如果仪式具有功效，那它是如何实现这种功用的呢？如果说仪式实施了变革能量或力量，这到底意味着什么？仪式的能量是怎么通过仪式实施者产生和传递出去的呢？仪式是不是真的能影响变革？仪式是真的达成了参与者或学者声称它所做的吗？仪式会不会失败？如果结婚后可能离婚，那当初的结婚仪式是不是有责任？要探讨所有这些问题，让我们先聚焦在两类通常与变化和变革相关的仪式种类上——入会仪式和巫术。

入会仪式

“入会仪式”（initiation）一词来源于拉丁文，指任何一种让人担任起新角色的仪式。从字面意思上讲，它意为“开端”或“入口”。例如，宣誓就职可以被视为入会仪式，虽然这类仪式通常被划为“民事仪式”，而不是通过仪式。入会仪节有时被称为“地位提升仪节”，这是一种状态定义：入会仪节会改变一个人的地位（至少是想要改变）。在学术界，入会仪式被用来指多种仪式行为，如圣职仪节（神父就职）和加入宗教或修会团体的入会仪式（佛教禅宗的受戒典礼）、加入帮派的仪式（宗派仪节、古代希腊的神秘社团、共济会）、确认宗教成员身份的仪节（犹太教的割礼或基督教的浸礼）、与迈入成年阶段相关的成年礼。对入会仪式的讨论一般集中在最后一种，探讨社会如何将生理上的成熟与成年阶段的人生态度和期待结合起来。成年礼最简单也最通俗的意义，是将男孩变成男人，将女孩变成女人。

这种成年礼意义上的入会仪式，表现出相似的一类特征。成年礼中涉及教导，入会者通常都要敬服于老者。参加者会被教授地理、掌故、历史和神话知识，以及一些实践经验和技巧。成年礼通常还涉及承受苦痛，有时非常极端，包括守夜、斋戒、身体穿刺或文身、棒打、严格遵守禁忌。参加者通常会与其他社会成员隔离，离开熟悉的安全的公共空间和家庭空间，去到一个充满危险和艰辛的预定地点。在那个为转变而设定的空间里，参加者经历试炼和磨难，通常遭受侮辱或恐惧，但这又矛盾地与社会或精神地位的提升相结合。欺骗和期望的逆转、神圣知识的启示、获得姓名、交换礼物，这些是成年礼中典型的内容。

在仪节的分类中，成年礼与婚礼、葬礼和出生礼一道，被视为“通过仪式”的一种。通过仪式是由阿诺德·冯·杰内普（Arnold van Gennep）在其1908年的同名著作中提出的术语。詹姆斯·弗雷泽主要关注仪节的形式意义及其与神话的关系。杰内普不满意这样的仪式研究方式。他认为，仪式，尤其是成年礼的关键，不是意义，而是功效：成年礼主要是为帮助改变个体社会地位的一种工具。杰内普让人们开始关注仪式行为完成的社会文化工作。仪式不仅是信仰、叙事或价值观的再现，而且是其创制过程。一场通过仪式不仅标志着生命周期中的一次转折，还会影响到这种转折。杰内普提倡，仪节必须在各自的社会情境中加以理解。他认为，要分析和理解任何一种仪节中的元素，都需要考虑到它们与其所处的更大的礼仪系统之间的关系。杰内普还呼吁采取一种“序列方法”，研究仪节与之前和之后事物的关系。

杰内普的著作主要关注的是成年礼。他研读了各种非工业社会中男性成年礼的民族志记述，辨识出一种相同的模式：一群男孩被带到一个与世隔绝的过渡性临时区域，与家庭生活空间及母亲隔离，在那里接受试炼，聆听教诲，从而完成向成年人的转变。返回群体中后，他们将作为完全成熟的男人融入村庄生活。杰内普将成年礼中的阶段划分为隔离、转变、融入。

个体和社会组织的生命周期都是由一组或一系列可辨识的地位构成的，入会仪式的任务是让人们在这些通常与年龄相关的位置之间移动。杰内普把生命周期比作季节的转变。社会地位的变动在仪式中被展演为进入或离开一个与世隔绝或超越凡俗的地点或领域，尽管有时候这种移动只是纯粹象征性的。社会变革同时也伴随着一种内在状态的转变。杰内普的理论中对通道、转折和变革的强调，意味着对成年礼中间阶段的强调，因为变革正是发生在这个时期。成年礼当中的转折期就是仪式中阈限期最主要的例子。在仪式中的那个阶段、时期或时刻，参与者的地位是含糊不清的，正处于两种不同的社会或本体状态之间的转折中。

总而言之，杰内普的观点可以视作对一种类比的详细展开：地位或状态的变迁或转变，类比为空间的移动。可以想见，杰内普虽然没有明着说，但他其实主张，在地方层面，通过仪节的功用根植于一种一旦得到共享、戏剧化改编并加以展演就会产生比喻认同的类比。正如婚礼戒指并不代表婚礼，而就是婚礼本身；在通过仪式中经历转变和变革，就是你想达成的事情本身：如果你不“穿越”这些试炼，你就不能成为一个男人。

维克多·特纳发展了杰内普的主张，强调阈限乃是“所有发明之母”。颠覆或协商某些正式的范畴、公约和社会结构，是阈限的特征。在特纳笔下，由杰内普首先提出的通过模型被更广泛地应用于戏剧和仪式上。在阅读特纳的作品时，有时“仪式”和“戏剧”几乎可以互换。在对恩登布人仪式的阐述中，特纳发展出了一种象征主义立场，主张入会仪节和治疗仪节的功效都可在其创造性的、戏剧化的环节设计和象征物的对比安排中找到，这些功效在身体体验与更加抽象的思想之间架起桥梁。在特纳看来，仪式的行动或动力是一个建构的过程，有时则会解构意义、信仰、价值观。

霍皮人非常与众不同，他们会把男孩和女孩分成一个年龄群组来举行成人礼，这样做的部落并不太多。这场仪节在2月举行，那是万物更新的季节，霍皮人将庆祝基瓦斯（kivas，地下庆典空间）开放和卡其纳斯（kachinas，戴面具的魂灵、神祇或神秘生物）重返人类世界。孩童在仪式中被鞭打，意在鼓励大家保守秘密。次日，作为高潮的卡其纳舞会将在基瓦斯举行，舞者们边跳边摘去面具，以此向孩童们揭示一个令人震惊的真相：卡其纳斯是由社区里的成员扮演的。孩子们看到自己的亲属穿着表演的服装，这个情景会让他们有一种刻骨铭心的困惑与幻灭体验。

正如宗教研究学者萨姆·吉尔（Sam Gill）所说，这些孩子在仪式中经历“幻灭”（disenchanted）。霍皮族儿童经常会在典礼、故事和绘画中看到卡其纳斯，可在年幼的时候，他们始终只能看到戴着面具的卡其纳斯。但在成年礼中，“秘密”揭开了，这个事件就构成了一重转变，不仅是社会层面的，也是生存和本体层面的。变成大人的成年仪式，被刻意安排为经历幻灭，但同时也获得允许进入基瓦斯并参与霍皮族宗教生活。吉尔评论道："这种体验，使得（他们）再无法回到过去孩童的生活方式。"孩子们的成年礼以强化对现实的普遍理解为开端，让他们失去过去那种与真实世界相隔的安全垫。被迫"抛弃已根深蒂固的对现实的观念，也就是在经历过去自己的死亡"。群体中新的成年成员所面临的任务，是形成对现实及霍皮族宗教更复杂、更微妙的理解。

成年礼是如何发挥作用的呢？表演某些动作、唱诵某些语句，怎么就能改变人们呢？动物行为学家（以及某些"动物行为学"式的社会理论）会用自然选择机制来回答，所谓仪式（或仪式化）起作用，就是说某个行为组合具有帮助适者生存的价值。另一些社会科学理论会说，成年礼起作用是因为社会公约——它起作用是因为我们达成共识，让它起作用。认知理论家会说，成年礼起作用是为我们的心智范畴和思维过程在深层神经学层面上重新进行了定向。象征主义学者则主张，仪式是由各种象征物构成的，它们叠加在一起就创造了一种意义结构或模式，如同织就了一张意义的蛛网。表演理论家强调仪节中的段落及其之间的转折如何得到展演，如同在真正的戏剧中那样制造冲突并解决。杰内普的通过仪式模式指出，仪式是展演出强烈隐喻的设定。其他大多数的理论则把这几个方面结合在了一起。吉尔的解释在路径上主要基于表演具有的深刻和深层的认知与经验影响。霍皮人的成年礼会起作用，是因为它强大到能粉碎人们既有的世界观。

对仪式如何发挥作用的解释真的可信吗？或者说这真的就是我们要探索的吗？克利福德·格尔茨曾写道："我追随马克斯·韦伯的理论，相信人类是悬挂在自己编织的意义之网上的动物，我把文化视作意义之网，因此对文化的分析不是寻找规律法则的经验科学，而是寻找意义的诠释科学。"在这里，格尔茨似乎把"解释"（explaining）和"诠释"（interpreting）变成了两个互斥的概念。有一种趋势是把解释看作还原主义的，因此多少有点冷冰冰，而诠释意味着更加富有同理心。这种区分是否属实还有待商榷。从被诠释者角度做出的诠释，通常都是不准确的，或至少与还原主义的解释同样不靠谱。

仪式具有的维度如此之多：生物的、政治的、心理的、生态的、经济的、宗教的。因此，似乎永远无法做到完整全面地对它的运作进行解释。设想一下解释自行车怎么“工作”，然后把这种解释难度乘以一百倍或一千倍，可能就是解释仪式的难度了。正因如此，对仪式的理论化尝试一般都倾向于诠释性的，这些诠释往往指向对功能的讨论，而且倾向于单线的：仪式创造了社会纽带；仪式掩盖了社会中不平等的权力关系；仪式创造了一个可用来反思的亚空间。我比较同意格尔茨的观点：仪式研究在很大程度上是一种诠释研究，而不是理论规律归纳总结。避免还原主义解释的一个方法是，对仪式事件进行细致的描述，从准备工作到展演过程，再到后续影响；同时要注意把仪式置于特定的社会历史背景中来看待。近年来，众多诠释学和表演学派的仪式研究涌现出来，其中也包括拙著《展演变革：路德城的公共仪式》（*Performing the Reformation: Public Ritual in the City of Luther*）。关于仪式理论和解释仪式功效的研究会持续下去，但为了创造全面系统的理论，学者们需要开展更加跨文化的比较研究，而这是目前的仪式研究极度缺乏的。

仪式批判主义

20世纪80年代，随着文化与批评理论成为显学，对仪式如何运作的理论化尝试，让位于对理论及实践的双重批判。仪式产生改变，但新的问题不是它如何改变，而是我们要把仪式的变革带往何方。开启新方向的是罗纳德·格里梅斯1990年的著作《仪式批判主义》（*Ritual Criticism*），书中呼吁对仪式及仪式理论的政治和规范本质进行检视；但同时，他也追随维克多·特纳的主张，呼吁人们要意识到仪式具有的批判层面——仪式本身就是一种进行批判的方式，它鼓励反思，以创造性的方式回应社会和个人的需求与关注。在格里梅斯之后的作品中，他对“仪式批判主义”观点加以应用，研究通过仪式（成年礼、婚礼、生日、葬礼）再次兴盛的现象，以及与古典通过仪式理论家诉求（他们的观点主要根据对男性成年礼的选择性阅读）相关的问题。

文森特·克拉潘扎诺（Vincent Crapanzano）对摩洛哥割礼的研究是一个值得注意的案例。克拉潘扎诺质疑成年礼具有变革作用的假设模式。摩洛哥割礼

“号称也是一种通过仪式……但根本没有任何通道和转变，只是徒有通道的标志。这种缺失本身就是一种不应该的缺席、一种否定”。根据克拉潘扎诺的分析，摩洛哥割礼没有创造社区共同体，只滋生了恐惧和屈服。它不是线性推进的，而是循环发展的，并不会带来从男孩到男人的实质转变。接受割礼不会让男孩们长大成人，只会让他们惊慌失措（生理上和情绪上），躲回女人的世界里去。杰内普和其他古典仪式理论家极少关注到这样一个事实：成年礼可能是压迫性质的，而且可能有时并不能达成仪式参与者希望的或仪式理论家们所说的仪式的功效。目的与效果并不总是同步的，人们可能期望变革，却没有实现。

克拉潘扎诺的研究反映了对成年礼功用的怀疑立场，批判性地研究了许多仪节中存在的意在维持特权与权力的欺骗、暗箱操作和暴力行为。比如，割礼能不能被说成是“做标记”或“虐待”呢？饱受公众谴责的新生羞辱仪节也是一种入会仪式。仪节中涉及暴力和违规行为，旨在让参加者服从既有权威，通过共享独特的违反社会规范的经验，且对团体外秘而不宣产生团结感。从这个角度看，羞辱仪式类似于家庭虐待行为，充满暴力，秘而不宣。矛盾的是，受害者往往会继续忠于施虐者。在羞辱仪节中，耻辱感和厌恶感滋生，然后通过仪式过程转变为一种黑暗的忠诚、信赖和团队感。在帮派和军队中，羞辱仪节的另一重功用是产生折磨甚至残杀人类的意愿和其他心理条件。

罗比·戴维斯-弗洛伊德在她对医院分娩仪式的分析中提出，各个社会会利用生命周期通过仪式来直观地将最基本的价值观和假设印刻在人的身体上。戴维斯-弗洛伊德把西方医院中的接生过程看作现代西方文化中的一种主要入会仪节。她认为，这个打开女性身体接生小孩的过程，是社会对成员身心强化主流价值观和信仰的主要场合。在医院接生过程中，这些价值观主要是指技术至上、效率至上、对本能和身体的不信任。研究新生羞辱仪节和医院接生仪式之类世俗入会仪式中存在的压迫和控制本质，会让我们对入会仪式所产生的转变的本质变得更为批判。入会仪节或许确实具有变革力，但我们必须更加批判地来看待所产生的改变。“变革”这个词听上去就具有潜在的积极意味，但并非所有的变革都必须得到赞扬，仪式中的变革可能是非常具有政治意味的行为，经由这个过程，压迫性质的力量得以行使并维持。格里梅斯等人创建的“仪式批判主义”不是假设或界定（维克多·特纳的方式）仪式为变革的媒介，而是要我们更加精确地去描述仪式“之前”和“之后”的状态，从而用定性测量和伦理评估了解仪式中所发生的改变到底性质如何。

巫 术

还有另一类仪式吸引了众多对转变和功效的质疑，那就是巫术。在日常生活中以及在某些学术圈子里，这个词带有贬损的意味，总是充斥着一股迷信的感觉。巫术在仪式研究中被界定为一个宽泛的仪式类别，包括与狩猎、驱魔、占卜、生育、诅咒和治疗有关的各种仪节。这个词指代了一组这样的实践行为，其目的在于对群体、个人或自然带来某种变化或使其进入某种状态。人们认为，这些变化产生的原因是这些行为。如果你翻土、施肥、灌溉或开垦了一片菜园，那获得丰收的概率就会增加。但如果你对着种植的西红柿唱歌、跳舞、祈祷（举行仪式），会发生什么呢？会出现什么不同的事吗？这只是一个粗略的比方，但切中了关于巫术仪节和实践功效的争论的核心。

英国人类学家 E. B. 泰勒（E. B. Tylor）称，巫术思维（比方说，祈祷会对西红柿产生某种作用）是“有史以来困扰着人类的最有害的错觉之一”。泰勒将巫术思维理解为一种具有极为糟糕的误导作用的合理化过程。例如，祈雨仪式是基于这样一种理由——同气相求。脚步模仿着雨落在大地上的情形，于是雨就真的下起来。泰勒说，其中的谬误不在于逻辑本身，而是对某些行为能产生怎样的后果极度缺乏了解。巫术是一种“原始的”科学——它根本就不起作用。巫术其实不会带来任何改变和影响，尽管许多文化可能说它们可以。根据文化进化理论，一个社会对“巫术”的偏好和投入程度，标志着所谓原始文化和文明之间的区分。在20世纪上半叶，认为文化的进化是从基于巫术的世界观进步到基于宗教的世界观再到基于科学的世界观的观点风行一时（至少在西方的知识分子当中）。

唯智主义学派对巫术的理解存在一些问题，其中最不严重的是文化优势论调。即使抛开这一点，只要我们想一想与个体和群体相关的种种仪节，泰勒、詹姆斯·弗雷泽等人对巫术批判质疑的根基就会显得更为薄弱。很显然，除了用锤子敲头，你还有其他办法可以影响别人的情绪。对别人“爱理不理”就足够让你们之间的关系发生变化了。欺凌不一定需要实质的身体接触，但同样能产生极为严重的后果。象征行为是否能影响自然界的事件进程呢？比如天气或灾难。这个问题更棘手，但甚至也有研究声称，比起演奏摇滚乐或根本不演奏音乐，演奏古典音乐更能促进植物生长。如果音乐能够改变自然界的状况，那祈祷、舞蹈和歌唱是不是也可以呢？

这类巫术是否具有功效的试金石是疗愈仪式（healing rites），有时也被称为“宗教-巫术式”疗愈。疗愈是一种复杂又多元的现象。众多宗教仪节——朝圣、冥想、祈祷、葬礼、斋戒，本质上都与治疗相关。治疗服务或仪节在某些宗教传统实践当中居于核心地位，比如伏都教（Vodoon）[1]、纳瓦霍宗教、基督教。其他宗教传统把疗愈元素融入了仪式体

1 伏都教，流行于西非贝宁、多哥等国的宗教，是贝宁的国教，后来传到了美洲。没有教义和教典，也没有宗教法团，主要通过仪式运作。

系和世界观中，如基督教为病人用油行膏礼，佛教徒反复唱诵经文所蕴含的治疗隐喻。在大众文化和当代的灵修领域，我们发现有许多行为实践都暗示疗愈过程，如瑜伽、太极、灵气疗法、心理治疗。

不断有西方生物医学研究指出，医疗效果与所谓的安慰剂效果有关。医生们会遇到大量没有具体病症但就是觉得不舒服的病人。仅仅来就医这一连串逻辑结构或形式——检查、诊断、治疗、预后，以及医生的权威、病人的信赖、技术的运用，就足够让治疗起作用了。而对于有具体症状和可确定的机能疾病的病例，疗效很大程度上也归因于在医疗环境中潜在、泛化的广义形式。西方生物医学的前提从根本上讲与唯智主义者所分析的巫术并没有那么天差地别，但人们普遍遗忘了要对这些事实做出解释。在很大程度上，我们把理论在这一点上遭遇的困境归结为西方思想中的心灵–身体两分法：疾病是身体上的，而对治疗和疗愈的接受和理解主要是心灵或灵魂上的，生物医学没有合适的概念范畴来对这组二元对立进行调和。

对安慰剂效应——西方生物医学自身所具有的巫术——进行解释和理解的努力，大多指向“现代”

医学治疗与“传统”疗愈仪节之间共同的象征特质。从生病到治愈，这个过程涉及病人、治疗者、家庭、社区，以及在某些病例中，心灵、妖魔或神圣之物之间的互动。这些互动既有工具性质的（比如清理伤口）——传统疗愈仪节中的生理和药理知识长期以来都被忽视了，但主要是象征性的和表演性的，利用一系列文化塑造的词汇、解释或叙事，让对疾病的处理方式显得合理、有效。

考虑到世界各种宗教的疗愈仪节都以不同方式使用舞蹈、音乐、歌唱、念诵、有规可循的动作、旁白和一些戏剧化的举动，它们显然可以被视作表演。将疗愈看作表演的观点通常强调过程、载体、展演、感觉和美学在创造或唤起“在场”上的重要性。比如，纳瓦霍人的赐福之道典礼（Blessing Way ceremony），唤醒“霍卓”（Hozho，通常译为和谐或美）或让它归位。此外，众多文化都认为，生病是社会关系失序的结果，因此让这种失序不谐宣泄出来从而加以解决的方法，往往就是组织转为社会戏剧的场景事件。特纳在研究恩登布人的作品中写道：“病人生病是一种征兆，说明在团体中‘有什么腐坏了’。除非群体关系中所有的紧张关系和敌意都被揭示出来，在仪式中曝光并加以治疗，否则病人就不会好。”最后，疗愈的象征和表演理论模型通常一方面对疾病（sickness）和生病（illness）加以区分，另一方面对诊疗（curing）和疗愈（healing）进行区分。疾病指生理上的病症，如癌症；而生病是指心理、社会、心灵上的体验和意义遭遇的病症，如“与癌症作战”。英语动词词组to heal，从词源上讲包括了“使其强壮或完整”和“恢复初始的纯洁或整体状态”的意义。疗愈比诊疗更加宽泛，诊疗针对的是生理病症，疗愈（按照西方形象）则同时涉及身体、思想和心灵。因此有可能癌症已经被治好了，但病人最终还是死于这种病症带来的体验。

悬而未决的事项

象征主义学派在克利福德·格尔茨、维克多·特纳和斯坦利·坦比亚（Stanley Tambiah）[1]的著作中得

1　斯坦利·坦比亚（1929—2014），美国社会人类学家，哈佛大学荣休教授，研究领域为宗教和政治人类学，田野研究对象包括泰国、斯里兰卡和泰米尔人。

到了淋漓尽致的展现。唯智主义质疑巫术和仪式的变革能力，而对他们的批评大体而言是从两种角度展开的。第一，“科学”与“象征”是两套不同的话语和观念体系，巫术不应被化约为科学并按照科学的标准加以比较。第二，很明显，我们称之为“象征的”或“巫术的”行为能够对社会和人际生活世界产生实际的影响。界定巫术的方式之一是把它看作运用象征手段来产生实际效果的行为。按照这种思路，巫术就不局限在“传统的”或“原始的”社会中，在现代西方也起作用，广告就是一种明证。

话虽如此，但巫术迄今为止仍是仪式理论中的一个难题。目前对巫术理论史进行的最全面梳理，是斯坦利·坦比亚出版于1990年的《巫术、科学和理性的视野》（*Magic, Science and Scope of Rationality*）。坦比亚这本书的目的远远不只是做一次历史综述，而是要以仪式理论中能找到的证据来研究与现代西方理性（rationality）相关的概念范畴、各自的局限、涵盖的范围。在讨论布洛尼斯拉夫·马利诺夫斯基（Bronislaw Malinowski）的作品时，坦比亚强调，马利诺夫斯基努力想要理解特罗布里安岛民仪式的功效，但他的努力显得太暧昧，有点“双重性”。坦比亚说，马利诺夫斯基对仪式的理解，明显具有一系列“悬而未决的事项”。在马利诺夫斯基看来，特罗布里安的仪式“在‘客观上’是错误的，但……从‘主观上’来说，对参与者们却是正确的”。从它对个人及群体的实际影响来看，巫术在心理和社会层面是有效的，但在客观因果、物质层面是无效的。西方理性对世界进行了二元对立——客观/主观、物质/精神、现实/虚幻，然后又过度强调其中一方。在这样的世界观里，巫术（更广泛地说，仪式的功效）是作为一种幻觉或心理障眼法来起作用的，它“确实”起作用，但它“其实”不是真的——至此我们又开始循环了，依旧试图阐明心灵与身体的关系。坦比亚一直宣称希望出现一种宏观理论，能够超越塑造了迄今为止的仪式理论的对立二元论，能有一些强调展演的仪式理论。他还指出，对具象化的研究是应对二元论的一种方式。

|第五章|

定义、类型与领域

05

仪式到底是一种特殊的行为，还是一种在多种情境中显现的行为特质？如果仪式是一种特殊的行为，那该如何加以界定？或许仪式并不是一种真实的现象，而只是学术上建构出的一种对我们所处现象世界各种元素随意排序和分类的方式？仪式如何与人类行为的其他领域，如戏剧、体育、游戏或工作相关联？是不是存在不同种类的仪式，就像有不同种类的文学一样？这些都是仪式理论中的一些难题。

翻阅卷帙浩繁的理论研究作品，我们可以看到，"仪式"这个词以三种不同但又相关联的方式得到运用。第一种，仪式被设想成一种或多种行为。当人们以某种特定的方式行动时，他们就被视为在进行仪式。在这里，仪式理论针对的是仪式独特的形式特征。第二种，仪式在学术上被视为一个文化领域、场域、舞台，人们进进出出，在其中行动，或被规定这样行动。按照这种方法，仪式与戏剧、体育、游戏等其他文化领域既相关又不同。在思考历史和文化动力时，仪式有时会被看作一种理想模型，一种与世界互动并参与其中的模型。第三种，仪式本身有时会被视为一个行为体（actor）。仪式作为一种媒介，拥有力量、权力、功效或行动力。检查仪式的各种功能，尝试理解仪式怎样达成这些功效，已经得到了广泛的关注。

除了这几种用法，还有很多学者质疑“仪式”这个概念对学术分析是否有价值，因为这个词拥有太多的意义和用法。有人提出，仪式只不过是学者们的发明罢了，是一个空洞的指代符号，并不指向任何实质可辨的对象。凯瑟琳·贝尔（Catherine Bell）的作品被广泛认为对仪式研究有重大贡献，但总的来说，她的目的恰恰是要质疑“仪式”这个概念。她声称，仪式“并不是人类行为的一个天然的、普遍的范畴或特征”，而且“这样的仪式并不存在”。想要将仪式理论化，就是在两种极端立场之间探索：一方面，仪式可以被相对宽泛地界定为无处不在；另一方面，有些学者全盘否定仪式真实存在。仪式既无处不在，又完全不存在。

贝尔等批评者认为“仪式”概念在分析上价值不大，或只不过是一种观念上的殖民，但最近一些研究挑战了这些观点。迈克尔·斯陶斯伯格（Michael Stausberg）研究了多种语言和文化中与“仪式”一词含义类似的词，认为仪式研究的基本假设，即“仪式可以在各个社会、文化和宗教中找到”，并不是一句空话。斯陶斯伯格用“仪式”指代社会文化生活中一个明确的领域：“不同的文化……似乎都会‘提出’一个特定的生活领域，这正是在西方我们用‘仪式’这个词指代的领域。”他的结论是：尽管“仪式”确实是一个现代西方概念，但这个概念（类似于多种文化中都有的同义词）汇集了一组相关的行为、信仰和价值观，如秩序、观念、律法、医方，风俗、道德、习惯，行为、表演、工作，崇拜、尊敬、集会，秘而不宣的知识、记忆、动机，标识、区分、评估。换句话说，“仪式”这个词确实勾勒出了一个研究对象，不过其边界有时候不那么清晰。

仪式的定义非常多。让我们来看一下经常被引用的一种，它由维克多·特纳提出。首先，特纳认为，仪式是“形式化的行为，专门用于这样的场合：不屈服于技术常规，而关乎对神秘事物或力量的信仰”。定义可以很有用，它将人们的注意力集中到某种特征或感兴趣的问题上，但一般都不可避免地具有局限性。我们注意到，特纳的定义把所有的仪式都变成了宗教性质的。那么，游行是仪式吗？法庭审判是仪式吗？毕业典礼是仪式吗？这些都不关乎神秘事物或力量，但我们有充分的理由把它们称为仪式。而且，即使只说宗教仪式，特纳的定义也只强调有神论（神秘事物）和泛灵论（力量），排除了其他各种宗教。

其次，特纳提出，仪式行为是由信仰指引的。那么，犹太小孩的受诫礼需要“信仰神秘事物”吗？可能不需要。特纳的定义落入了西方思想文化中基础的二元论，认为信仰（或思想、观念、词语）是首要的，而行动、事件、姿态都是衍生出来的。此外，如今“信仰”这个概念已经与文字和客观主义认识论联系过于紧密，因此特纳的定义没能公正地看待那些以看不见摸不着的气氛、戏谑调笑、想象力为特点的仪式，但特纳自己在做研究的过程中深深沉迷于这些特质。一个在跳卡其纳舞的霍皮人“相信”自己是卡其纳吗？其中暗含的本体论是经不起推敲的。而且，很多仪式传统更加强调参与或观察，而不是信仰。

最后，“不屈服于技术常规”这个词组暗指仪式主要是非工具性的，这对庆典和节庆而言可能是对的，因为它们是在表达集体的欢愉（甚至这样的仪式也会具有现实的影响），但被分类在“巫术”类别下的仪节，本意就是要带来实际的结果。纳瓦霍人治愈典礼的目的在于治愈，因此用“技术性”形容这样的仪式似乎很合适。非常奇怪的是，特纳对仪式的定义背离了他自己对仪式的描述中普遍存在的仪式特性，而这暴露了其定义的局限性。

家族相似性

鉴于定义总是有局限性，我们需要在社会科学和人文学科中找到其他一些方式来勾勒某个研究领域。其中较为常用的一种方式是由路德维希·维特根斯坦（Ludwig Wittgenstein）提出来的。在他的

《哲学研究》（*Philosophical Investigations*）一书中，维特根斯坦提出一种“家族相似性”（family resemblance）的方法来对游戏进行分类。因为没有哪种或哪组元素是所有游戏都必须或肯定共有的，所以我们能采取的最好办法，就是描述出各种游戏大体上共享的特征和性质。维特根斯坦针对游戏的分析同样适用于仪式：我们要处理的是“一系列相似性构成的复杂网络，它们彼此交叉重叠”。维特根斯坦随后又将这种共享特征网络与家族中的相似性进行了类比：同一家族的两名成员或许没有一些很明显的共同特质，但因为他们与家族其他成员具有亲缘性，因此他们仍然是同一个家族的成员。有人会批评道，一旦开始列举特征清单，仪式的概念就会变得更加模棱两可、难以把握，因此在分析上的作用就很弱。我的观点是，家族相似性是我们勾勒仪式是什么的最好方式。因为仪式既是一种行动特质，又是一个行动类别，而不是单一的独立事物。而且，仪式研究本质上是跨学科的，这就让家族相似性方法易于成为主导。不论人们采取哪种策略，是正式的定义还是家族特征列举，真正重要的是，这些策略能如何且在多大程度上揭示仪式经验的多种模式。

我们对定义和概念的态度，在一定程度上是由形而上学的假设塑造的。普遍的概念范畴具有多少真实性？或者在建立范畴的过程中，我们是不是强行把不可化约的现实独特本质给弄成了人为的建构物？除了用我们构建概念的能力和想象力把它们都归入“仪式”这个大范畴里，治愈仪节与奥林匹克运动会到底有什么共同点？这种争论不仅是现象学的和本体论的，还是政治性的。凯瑟琳·贝尔的一大关注点是揭示范畴和分类——西方知识传统的核心特征——如何成为殖民思维和帝国主义的工具。在仪式研究的例子中，这种批评有一定道理，因为早期的研究大多是西方学者研究“原始”社会的仪节，这成为构建文化进化理论过程的一部分。

贝尔的研究属于米歇尔·福柯（Michel Foucault）的研究传统。在福柯看来，定义和分类是暴力与统治的表现形式。在这层意义上，贝尔等“实践理论家”提出，仪式研究在一定程度上就如同仪式本身，都是行使权力的策略方式。在我看来，贝尔的错误在于，即使仪式不是实质性的事物，也不能就此推断这个范畴全无合法性。仪式研究者们总是要经常在本质主义和完全的偶然性之间强行做非此即彼的选择。维特根斯坦的家族相似性方法提供了一种超越二元论的途径，弥合差异与认同之间的裂痕。

仪式化、仪节、仪式

有些理论家没有采用“仪式”这个让人觉得意指某种固定僵化事物的概念，而是采用“仪式化”概念。在动物行为学中，仪式化指的是形式化和模式化的过程，工具性质的行为由此变为象征性质和沟通性质的行为。在人类仪式中找到类似的过程也不难。比如圣餐仪式，共食面包是一种工具性行为（我们吃东西是为了活下去），在圣餐仪式中却转变为沟通行为。礼拜仪式发展出独立于单纯的吃东西举动之外的固定的形式化的行为和词语，可以用来交流描述态度和价值观。礼拜仪式是在一个特别设定的空间（教堂）里举行的，还要穿特殊的衣服

（长袍）和携带充满象征意义的物件（蜡烛、画像），代表人类的特定身体部位，并且以鲜艳的颜色来加强仪式效果。经由这种社群集会，人们创建并重温自身的认同，以及与人类和人类之外事物的关系。

于是我们就拥有了三个在理念上彼此区别，但在用法上又相互重叠的概念：仪式化、仪节和仪式。这种对比首先是由罗纳德·格里梅斯提出来的。正式可辨的仪节是通过对日常生活的仪式化发展出来的。浸礼把常见的洗浴行为通过仪式化，变得与让灵魂洁净、再生和更新相关。在冥想中，静坐被仪式化为意识觉醒。献祭把屠宰动物仪式化为向神灵奉献、表示感恩、安抚和满足更高层力量。一种正式的仪节涉及一组或多组行为，它们通过提升作用和特定形式而表现出对某一社区或传统的特殊意味，由于它们被设定在特定的地点、时间开展，与日常行为相区分，所以一般在名称上与日常行为不相同。犹太教受诫礼、白色婚礼、坚振礼、印度教普阇——这些都是已经被正式命名而且容易看到的仪节。仪式这个概念是更加宽泛、更加抽象的尝试，以确认某些或某组仪节的共同之处。

10世纪时，日本平安时代的贵族们的生活是高度仪式化的，这在当时的公卿藤原师辅[1]所著《九条殿遗诫》中可见一斑：

> 先起称属星名号七遍，次取镜见面。次见历知日吉凶。次取杨枝向西洗手。次诵佛名及可念寻常所尊重神社。次记昨日事。次服粥。次梳头。次除手足甲。次择日沐浴。沐浴吉凶。

从上文我们可以看到，宗教行为（斋戒与诵经）与个人卫生和自我反思等融合在了一起。仪式通常总是被区分为特别的、非日常的行为，所以一些日常事务，如刷牙，通常都不被理解为仪式，因为实在太过

1 藤原师辅（909—960），是日本平安时代中期的公卿。精通有职故实（也称有识故实，是在儒学明经道、纪传道的影响下出现的对日本历史、文学、官职、朝廷礼仪、装束传统进行考证的学问）与学问，以右大臣的身份辅佐村上天皇开创“天历之治”。编有日记《九历》，死前对子孙留有遗训，即《九条殿遗诫》。

平常。但这段文字揭示了仪式研究的两个要点。第一，它让我们看到了仪式是怎么组合为整体的。戏剧会取材于日常生活情景，浓缩升华，加以形式设计，然后搬到舞台上表演；仪式也像戏剧一样，用日常行为和姿态组合出不寻常的东西。这种组合过程就是仪式化。第二，它说明任何行为都可能被仪式化。经由仪式化，单纯的动作转化成了有意为之的行动。藤原师辅的晨间安排并不是简单的规矩。正是通过思考其中“多出来”的那些东西，我们才能看到仪式的独特之处。

完成动作的仪式化要借用多种方法。以藤原师辅的晨间行止为例，我们可以列出下列短清单：

重复动作（每个早上都做，重复七次）

预设和规定各种细节（做什么，再做什么）

为动作建立关联，加以拔高，与神圣的价值观、叙事或人物相连（诵佛名）

规范动作的时间线，用象征性的或具有历史意义的时间（属星名、择日）

召唤值得敬畏的力量或人物（可念寻常所尊重神灵）

以特殊的态度来行动（取镜照面、记昨日事）

探讨仪式化的程度也是合理的思考。如果某个动作行为越形式化、固化，越通过姿态、音乐、艺术和表演在审美方面有所拔高，在空间和时间设定上越刻意，越与神圣力量、创始人物或历史、神话事件相关联，就越像仪式。

但问题在于，并不是做得越多就越像仪式。事实上，有时候简单反而更好。仪式化的实现也许是经由创设、重复和拔高，但也可能是对动作的简化或单一化的结果。在冥想中，人们只关注自己的呼吸就完成了仪式化。在贵格派的会堂里，静默、简约和极简美学是主流。难道我们可以说，贵格派的集会比富丽堂皇的英国国教圣餐更不像仪式吗？

类别和领域

如果说将仪式理解为人类行为的宽泛范畴是一个很模糊不清的概念，那仪节作为各种有名可循的实践活动，却很容易辨别。人们仍在前往各个圣地朝圣，在清真寺里俯伏跪拜，在就职时宣誓，举行婚礼和葬礼。界定仪式的问题与如何分类我们在全球各地找到的多种多样的仪节的挑战密不可分。有时，人们将仪式看作一个单一整体。但显然，仪式是多种多样的，我们针对某一种仪式做出的论断，并不太容易应用到其他类别上去。

尝试对仪式进行分类，也是仪式研究中始终存在的一个要点。与尝试定义仪式一样，我们可以找到一系列关于设计仪式分类法的尝试。可以分类为：献祭仪式、通过仪式、巫术仪式、世俗仪式、交感仪式，以及季节性仪节。但问题很快就暴露出来：各个类别相互重叠，而且创建子类别的分类标准不清，是根据持续时间、功能，还是目的？然而，分类还是非常有用的，因为它们能让我们得以比较各种不同仪式间的异同，帮助我们将注意力聚焦在值得关注的特性或功能上，并能够指导人们寻找仪式行为的核心和边界。

朱利安·赫胥黎在第一次世界大战爆发前的几年中，写下了他研究凤头鸊鷉的突破性著作。其中，他毫不犹豫地使用“日常戏剧”和“典礼”这样的词语。赫胥黎经常把自己的田野发现与戏剧进行类比，例如，在描写一对凤头鸊鷉的婚后典礼时，他将其类比为“《乞丐歌剧》中麦基什和波莉的一段嬉戏打闹”。大量运用类比想象在仪式研究中并不稀见。赫胥黎的作品表明，对仪式本质和功能的思索依赖于比较和分类。

那究竟仪式是什么呢？回答这个问题不仅关乎定义，还要求关注多种多样的仪式种类或类型，以及探究仪式与相关的行动类型之间的关系。将仪式作为领域来加以考量，要求我们思考仪式与戏剧、游戏、娱乐、体育之间的相似和差异。领域思考是一种分析和比较工具，它提醒我们注意仪式在不同历史时期的不同文化中与其他行为领域互动的方式。

图 5　在这幅弗兰西斯科·戈雅的画作中，身处一分为二的斗牛场中的角斗士们正准备进行最后的攻击，观众已经围拢过来，他们被这个场面展示的力量所深深吸引。斗牛的传统就是一个很好的例证，展现了仪式、戏剧和体育之间的关联

所有行动都可以被仪式化，同样，我们也可以透过仪式化的透镜来设想不同社会文化领域中的行为。脱帽致意、握手或为别人开门，这些是仪式吗？这些是不是更应该归属于生活习惯、风俗和礼貌的领域？社会学家欧文·戈夫曼（Erving Goffman）利用仪式术语描述人们日常面对面的互动，其中至关重要的态度和行为举止中的大部分是在无意识中进行的。戈夫曼为了发展他

的日常行为社会学，借用了仪式的语言，因为他意识到，即使是日常的、非正式的、世俗的行为中也充满了象征沟通行动。戈夫曼指出，一看到具有特殊价值或重要性的事物（人或物），我们就会以能够捍卫或表现我们行为的沟通和象征含义的方式来表现自己。仪式化广泛出现在多种文化领域。戈夫曼成功地让我们对“互动仪式”——将礼貌和生活习惯带入仪式的世界——加深了理解，而约翰·赫伊津哈（Johann Huizinga）在戏剧研究领域取得了同样的成果。与戏剧一样，仪式是框定行动，因此也是使其情境化的一种方式。赫伊津哈在他那本颇有影响力的著作《游戏的人：文化中游戏成分的研究》（*Homo Ludens: A Study of the Play Element in Culture*，1944）中探讨了游戏与仪式的关系。他指出，这两种行为都发生在一个精心设计过的时空中：

> 游戏和仪式之间并没有正式的区分，同样，“祭拜场所”也无法与游戏场地非常正式地区分开来。竞技场、牌桌、巫术圈、寺庙、舞台、银幕、网球场、法院等，从形式和功能上说，都是游戏场所，即闲人免入的

场所，与其他地方隔绝，在里面要遵守特定的规则。这些都是从日常世界之中暂时独立出来的小世界，意在展演一种特定的行动。

这种思考路径存在一个问题：它囊括的东西太多，我们已经想不出“日常世界”的边界在哪里，奇异世界又从哪里开始。毕竟，工作场所也是一个隔离出来的场所，必须遵循特定的规则。对赫伊津哈来说，游戏是一个上位范畴，在逻辑上更有涵盖力，因此他得出结论：仪式是一种游戏，但并非所有的游戏都是仪式。他提出，仪式是在一定程度上变为现实、具有真理性、被人们所相信的游戏。

礼拜仪式或宗教仪式

赫伊津哈的研究或许真揭示了些什么，其他学者也加以发展利用。唐·汉德尔曼以玛丽·道格拉斯（Mary Douglas）和格里高利·贝特森（Gregory Bateson）的研究为基础，以“拟定框架”这个概念为核心发展出了一种仪式理论：各种活动依照我们给予它们的“框架”被组织起来。在一特定框架内，如马戏场、游戏场、运动场、剧场、寺院，一组独特的规则、期待和态度被构建出来。汉德尔曼提出，游戏与仪式之间的关键区别在于，在游戏框架内，信息和举止都被理解为虚构的（如果不说是错误的话）：挥舞魔杖的孩子不是哈利·波特，而孩子自己也知道。与之相反，在仪式框架内，信息被设想和理解为或多或少是正确和真实的。换句话说，仪式框架处理的是一些被认定为终极的、基础的和根本的价值。在西方，仪式常与高度肃穆的氛围联系在一起，因此与游戏截然不同。但世界各地许多文化传统中都有充满娱乐性、即兴表演的仪节。但不管是哪种情况——庄严的仪式或戏谑的仪式——区分游戏和仪式的标志是其中关联的元信息。仪式的元信息是，仪式框架内的一切都是神圣的、正确的、真实的、需要相信的。人们为这样的仪式框架取了一个名字：礼拜仪式（liturgy）。

我们最好把宗教仪式与更宽泛的仪式加以区分。如果我们用仪节来指独特的、清晰可辨的、通常发生在特定时间和地点的仪式行为，那我们可以指向宗教仪节，因为它们发生在一定的场所（教堂、清真寺、寺院）。如果某种仪节按照这种定义是宗教性质的，我们就能说它是礼拜仪式。政治仪式和民间宗教的仪式则往往被称为典礼，这在一定程度上是因为它们发生在另一种不同的空间里。“礼拜”这个词通常与基督教相关联，因此可能会让人产生一些偏见，甚至联想到宗教帝国主义。尽管具有这些内在的缺陷，这个词在仪式研究中的运用仍然相当普遍。

礼拜是一种有名可查的仪节、一种仪式类型，也是仪式理论中的一个概念。各个宗教传统都系统地设计了自身的仪式活动，大多数宗教传统的礼拜体系都有一种核心仪节。基督教中经常讲到的“礼拜”通常是指圣餐式。在路德新教和英国国教传统中（它们只是多个例子中的两个），礼拜体系基于上帝的拯救之道、神圣的洗礼（仅举行一次），以及圣餐礼。

圣餐礼包括四个阶段：聚集、祝谢、共餐和传递。开场是用音乐序曲来召唤人们聚集起来，告白信仰、欢迎，接着是日常的祈祷。其后是读经时间，通常会有两“课”，一段取自《旧约》，一段取自《新约》中的使徒书信，另外再读几段福音书。读经期间还穿插着演唱颂歌、赞美诗，布道，诵读信条，祈祷。读经根据教会一年中的节庆及季节来组织。共餐包括献祭、感恩、分食面包和饮葡萄酒，以及共同歌唱和祷告。礼拜仪式以祝福、唱赞美诗和演奏音乐终曲作为结尾。在教会的礼拜仪式周期中，会根据各种不同场合对礼拜仪式进行调整。这些场合可能是一个普通的星期天、一个重要或不那么重要的节庆，或与洗礼、婚礼、坚振礼和葬礼等某些入会仪式一道举行。按基督教的传统，除礼拜日这项主要活动外，一年之中还穿插着大大小小不少节庆。

礼拜仪式是提问式的、陈述式的。它试图借助物体和图像、歌唱和舞蹈，来讲述事物的样子，回答终极问题。空间和实践框架在礼拜仪式中通常都具有核心重要性。礼拜仪式涉及范式性的话语和通常被某种传统视为奠基性质的事件（犹太逾越节、佛祖开悟、穆罕默德获得《古兰经》、耶稣与门徒的最后晚餐）相关的举动。礼拜仪式诉诸过去和传统，也唤起了过去和传统。“传统”这个词通常会被用作“宗教”的近义词，这说明礼拜仪式是对形式和功能飞速发展形成制约的历史发展和力量的产物。

卡洛琳·汉弗莱（Caroline Humphrey）和詹姆斯·莱德劳（James Laidlaw）在《仪式的原型行动》（*The Archetypal Actions of Ritual*）一书中，将仪式分为两大类：萨满仪式和礼拜仪式。萨满仪式基于某种令人信服的、类似戏剧的表演，对一群观众展演，表演本身需要以某种方式说服观众。相反，礼拜仪式要求事物以正确的方式精确执行，其间每个人都是参与者。在萨满或巫术仪节中，焦点是功效，也就是仪节能不能好好起作用；而在礼拜仪式中，焦点是正确去做，要以正规的、标准的方式来完成仪节。当然，讲到种类的话，仪式也可以被分为不止两类。但汉弗莱和莱德劳想要强调的要点是，有很多种仪节（他们统称为“礼拜仪式”），强调的是集体共同完成举止和言辞，运用物体和象征，而其形制是由外界给予我们的。这种举动是“典型的”，不是指它们源自精神层面的某种深层内在原则，而是指它们是传统传承下来或被给予的。礼拜仪式具有一种既存的形式，参与仪式者意在重复、复制或进入这些既存的作为必备元素的行动中。这就是说，仪式中的参与者，并非他的行动的创生者。

这样一种“以行动为核心”的仪式概念是很常见的。仪式并不是主要传递意义，不是一种表达人们脑海中或心里业已相信或看重的东西的方式。相反，行动本身才是核心。仪式化的行为并非以由参与者主观创生的动作，而是以事先确定好的或传统既定的为特征。一方面，参与某种仪节表明了认同、意图和信仰，以及与他人的团结。另一方面，在参与过程中，仪式展演者放弃了能动性。人们已经不再是自身行动的创生者，而是服从于构成仪节的形式和元素。对于仪式经典特征理论家来说，交出自身的能动性乃是仪式框架的核心特性。

在汉弗莱和莱德劳提出的仪式概念中，行动之所以能成为仪式行动，乃是因为人们自愿不再成为自身行动的创生者。这多少让人觉得惊讶。他们的观点耐人寻味之处在于，利用行动与意图之间的动态关系作为工具来分析不同的行为并分类。我们的日常行为大多数都只在传递意义和意图的层面上才能够得到理解。如果我喊道“别碰那个罐子，很烫”，那我为这个行动赋予了清晰的意图信息：我不希望你烫伤你的手。日常行动只有在以下假设为前提的基础之上才说得通：我们的所作所为是在表达我们的意图和情绪状态。如果这个假设不成立，或被视为不成立，那一种截然不同的动力就出现了。某人流眼泪假装很伤心，但实际上是在进行另一种行动——欺骗，它可能会成功地起作用（也可能会失败），让我们以为接收到或体验到的是一致的意图和行动。

而礼拜仪式体现了另一种独特的行动与意图之间的关系，恰好与日常行动中的模式相反。在塑造或关注人们所做和所想或所感之间的关系上，仪式是一种完全不同的方式。在仪式中，实施仪式才是首要的。仪式不是对意图、动机、感受、信仰等的表达；相反，仪式要求参与特定的、有成规的行动或话语，而这些都不是人们自己创生出来的。这些行动并不出于某种意图，它们是外界赋予我们的，是承继下来的、接收到的、基本的、原型的。礼拜仪式具有像二进制那样的特性，你要么做，要么不做。比如，从事某种运动，你可能这周的比赛打得好，下周又表现很糟糕，但礼拜仪式不一样，它要么进行，要么不进行，只有开或关两种状态。即使你投球过猛，表现糟糕，你也还是在打比赛。但如果圣餐礼中主持人不祝圣，或结婚戒指被落在了家里，或参加犹太成年礼的年轻人不肯念《妥拉》里的经文——在这些情况下，我们并不是参与了进展不顺利的仪节，而是根本就没有参与仪节。

把仪式设想为礼拜（或原型行动），能让我们获得什么呢？首先，它让强调意义传递的仪式理解路径有了限定。如果我们假设仪式是沟通媒介或象征体系，那它就成了多种类似媒介中的一种，我们会从先于或环绕于仪式的意义或象征领域来定位仪式：我们把仪式化约为了一种它本身以外的东西。其次，礼拜仪式具有的礼拜式的维度使得我们能扩展对于能动性的观念。通常，我们认为能动性归属于每个个体，与意志、意图、选择、欲望相关。我们可能会想说，仪式理论家只是“在梳理行动的来龙去脉”，揭示出内在想法与外在形式之间存在距离。我们假设意图与行动之间存在某种关系，这种情形反映了日常生活世界的情景。如果我们的行动背后没有丝毫用意，那仪式就是不正统或无效的。能动性、意义和功效都必须存在。但如果仪式行动本身就具有影响人们意图、情绪、感受和信念的潜力和能量呢？

第六章

仪式作为表演

06

在一篇论仪式的论文中，人类学家埃德蒙·利奇写道："人类行动能做一些事情，即改变世界的物理状态（比如燃起篝火），人类行动也能说出一些事情。"在利奇看来，如果行为导向越倾向于说些什么，那我们就越容易看清它的工作方式；如果行为导向越倾向于做些什么，那它就越远离仪式。利奇认为，仪式是象征主义的一种形式，是一种不运用语言的交流方式。利奇还认为，仪式中的交流主要关乎社会中既存的权力关系。然而，有众多仪式理论家持相反的立场，认为行为之所以成为仪式，乃是源自其功效。例如，迈克尔·豪斯曼就强调，仪式"之前和之后，已然不同"。对豪斯曼来说，我们能够辨识出仪式，恰恰是因为它是一种"有所为"的行动，而不是什么"有所谓"的行动。

英国语言哲学家 J. L. 奥斯汀（J. L. Austin）提供了一块踏板，让我们能更好地将仪式理解为变革的载体。奥斯汀只是观察到，我们借助语言不仅能传递信息，得出关于世界的命题，而且确实能达成某些事。当我说“我保证会把这份礼物带给你兄弟”，我不是在描述，而是在许下承诺。奥斯汀把这样的言辞称为“演讲行为”，以区别于纯粹的陈述语句。当一位牧师说“我现在宣布你们结为夫妇”，或让我们借用奥斯汀在他颇具影响力的《如何以言行事》（*How to Do Things with Words*，1962）一书中所举的例子——一个朋友说“我跟你赌六便士，明天会下雨”，那我们遇到的是“表演性语句”。在这样的例子当中，“说出的句子……不是为了描述我在做什么……而是将要做什么”。在《如何以言行事》一书中，奥斯汀对“说”与“做”通过二元对立切入，探讨了一些“说即是要做，或通过说开始做”的例子。

奥斯汀可能是无意之间为仪式研究做出了一项重要贡献。即使我们需要借助语言学上的比喻手法来设想仪式，“说”与“做”也并不是互斥的：“说”与“做”——交流与行动——并不需要被当作彼此对立的范畴。奥斯汀还推动了一种新类型的词汇和概念框架的发展。在20世纪80年代，这类词汇和框架以“表演理论”之名逐步出现。

表演理论的出现，在一定程度上是对结构主义和社会功能主义传统的仪式概念的纠正。表演理论强调仪式的戏剧和审美性质。仪式通常都涉及表达性行动和高度激动的情绪，经由音乐、舞蹈和视觉艺术各种媒介加以实现。表演理论寻求更好地理解具象化与知识理解之间的关系。载体指的是意图、情绪、信仰和价值观不再只存在于脑海中而具体为身体体验。仪式作为肢体行动，是一种知晓世界的方式，而使用身体的方式会构建我们的主体和观念。以表演理论来看待仪式，就是承认它与其他文化领域（游戏、戏剧、体育、政治和旅游）之间的交叠，也承认仪式具有的创造和压抑潜质。

有些仪式理论家（比如凯瑟琳·贝尔）批评仪式理论完全沦为类比。然而，应用到仪式上，“表演”具有的隐喻意味远不及“文本”。从各个文化来看，仪式一般都普遍包含与表演相关的元素：伴奏音乐或节奏、舞蹈或其他特定的身体动作、戴面具、穿演出服、化妆。仪式传统与表演传统往往互相影响。例如，在19世纪，美国东北部的基督教福音派在建造教堂时加入了像剧院一样的布局：中心舞台、聚光灯、带穹顶的前台、歌剧院式的包厢。对神圣场所进行的这些改造，正是由更加戏剧化和表达性的神圣仪式塑造的，这些改造反过来又更强化了性质。

在西方文化中，表演的观念和传统自宗教改革以来就不受待见。宗教改革之后，许多欧洲城市纷纷关闭剧院，压制狂欢节、木偶戏和歌剧等其他剧场表演和表达性质的活动。社会学家理查德·塞内（Richard Sennett）曾探讨过，在启蒙运动时期，沙龙、咖啡馆和其他公共场所中进行的复杂精妙的社会互动，如何被人们对私人空间、个体意志和更孤立的自我观念的强调所取代。从概念上看，“表演”同样不讨喜。我们通常对表演怀有一种矛盾的态度。动词 to perform（表演）或 to act（执行）意为 to do（做），但也有 to pretend（假装）的意味，所以表演和执行就通常被认为充满了虚伪，尤其是与仪式相关时。仪式是很严肃的，而不只是一种表演或游戏。但 to pretend也有其他的意思：to intend（倾向）、to design（设计）、to plot（筹划）、to attempt（尝试）、to hold before one（保持）、to extend（延展）。我们无须把严肃神圣的成分与表演因素相分离。用表演来看待人类行动，并不意味着这些行动就是虚伪的或不正统的。

表演理论与理查德·谢克纳（Richard Schechner）的著述和思想密不可分。他既是一名戏剧导演，又是一位理论家。他在《戏剧评论》（*Drama Review*）任职编辑多年。整个20世纪70年代以及80年代早期，谢克纳撰写了一批文章，提出让戏剧理论成为一个跨学科领域，鼓励并融合其他人的想法，一起为仪式研究提供了新的导向。我们可以看一下佛教禅宗的一种特定仪式——公案，这能让我们更好地理解谢克纳的仪式方法中的关键点，并对他思想的某些方面加以拓展。

日本禅宗公案

公案是禅宗门人之间一种简约而神秘的交流方式，比如一只手拍掌会发出什么声音。公案可以被理解为一种心理语境下的谜语，旨在产生让人有点沮丧、不着边际的发散思维，但会因此创生出某种特定的体验。公案也被理解为一种文学体裁，具有蕴含着数个世纪宗教和哲学话语的复杂历史，并可据此加以研究。这些心理学和文本研究的观点主导着公案研究的传统。然而，公案在禅宗的仪式体系中也具有重要地位。公案是在台上公开展示的，之前要精心设计，随后展演，并被观看、评断。考虑到这些特点，把它们看作表演也是有道理的。

“公案”一词的本义是“公共文献”或“公共案件”。每一段公案都向僧侣或学生呈现一个案例，昔日的大师曾给出过先例的解决方法或答案，或更确切地说，一种具象化回应的例子。据研究，日本公案的起源应在中世纪，即大约1300年至1600年间。最初公案是一种教理修习的问答机制：表演导师与学徒之间对模式化交流的既定回应方式，成为禅宗修习的一部分。禅宗公案的兴起恰巧与能剧在著名表演家、剧作家观阿弥及其子世阿弥推动下的兴盛处于同一时期。这些仪式和表演种类，即使彼此间没有直接影响，但都由对待表演的具体表达和戏剧形式的文化态度塑造。到17世纪时，白隐慧鹤编定了一份包括有两百多个公案的分级教程，这是他复兴日本隐修传统的一大举措，奠定了如今日本临济禅宗公案实践的基础。

在当代的公案实践中，第一个公案一般都是白隐禅师的“只手之声”：“两手相拍其声可闻；独手击拍音又如何？”白隐慧鹤的“只手之声”是有广泛认可的正式答案的，这在一篇花上几分钟就能读完的文章里有简洁的说明。根据约尔·霍夫曼（Yoel Hoffman）整理的公案文献，要回答这个问题，须“面向导师，正常站立，不发一言，往前平推一手”。文献中继续说道，学生引用禅诗及其他禅宗文本来回答，运用语言和身体语言，就能逃脱导师设下的陷阱。这个公案相对来说是比较短的，但想要做出正确的回应，却得花上几个月的时间。

世阿弥在《风姿花传》中提出了文本与表演之间的关系问题，并借此指出了表演的价值和功能：“能剧表演中身体动作与剧本之间的关系是什么？答曰：此事只能通过精细的排练方能掌握……演员必须注入与词语所表达的相一致的情感……当剧本中提到观察某物时，演员就应表演观看的姿势……当应听到某种声音时，演员就要摆出在倾听的样子。”

在白隐禅师的“独手之观”当中也能发现类似的机制。例如，当导师发问：富士山在一手之中，风景何如？答曰：徒弟，垂眼看一手，状似自富士山顶俯瞰，并说：风景何其壮观！说出几处富士山盛景——其他人或言从站立点恰好可见之处。公案是某种教义修习问答机制。“修习机制”这个词表明是针对固定的教条的死记硬背式的回答，但更好的理解方式是将公案视作文本或剧本，而不是纯粹公式化的应答。公案文本为师徒提供了施行仪式化表演的剧本基础。

谢克纳将仪式（以及戏剧）称为“重现的行为”或“第二次行为”。他的意思是这种行为是重复的、经过排练的。当参与仪式时，我们是在重新展演之前的表演。在婚礼中，人们是在根据一些细致或简洁的分镜说明行动。与葬礼不同，婚礼实际上是经过排练的，而且以华美舞台和展示来点缀。结婚照通常透露了为了这个场合而炫耀和装腔作势的元素。有些仪式会朝着戏剧的方向发展，而有些仪节，比如禅宗的公案，则让行为复现成为整场表演的一个重要（如果不是核心的话）特征。

强调行为复现的仪式都以反思为标志。继续前面的例子，公案会被一遍遍展演，直到做得完全正确，之后再进行课程中的下一个公案。谢克纳主张，仪式的功效不仅依赖于仪式行动或作为，而且依赖于仪式“彰显某种作为”。对谢克纳来说，仪式具有某种虚构的或精心策划的性质。正是因为这个原因，仪式参与者在自身与行为之间创造了一定距离，便于进行反思。仪式表演涉及展现，即被观看，仪式的行动会表现给某些人看，哪怕是那些人的内心。一项仪节并不必然是一次性的、静止不变的事件，而是如同公案一样是持续不断的、动态的。

谢克纳认为仪式是某种形态的行为复现的观念适用于一些仪节，而不太适合另一些；它有其局限性和缺点。首先，仪式“参与者”并不会如同剧场演员做的那样普遍认为自己在展演或表现什么。他们不是在表现自己的行为，仅仅是在行动而已。其次，有许多仪节明确规定不能被看到，比如教宗选举。最后，“表演”这个词语会让人觉得仪式中存在虚伪或假装的情况，尤其是按照西方的学术或宗教传统来看，因为表演在西方的名声并不太好。确实，仪节随着时间的推移或许有可能变得装模作样，不再正统。但我们并不想创立一种明确质疑仪式参与者的真诚或诚实的仪式理论。如果我们想要在研究仪式中使用“表演”“展演”这样的词，我们必须认识到它们不仅指向“夸张表现”。谢克纳用“功效”的概念来处理这个问题。

游戏、文体活动、戏剧和仪式之间有相似之处——都是“表演”，但也有不同。谢克纳把各种表演放置到了从“功效”到“娱乐”的两极谱系之中，这样做是为了防止把仪式和戏剧视为对立的范畴。能剧和公案并不彼此对立，而是关联的文化形式。仪式可以具有娱乐性，戏剧也可以具有现实影响力。然而，与其他理论家一样，谢克纳倾向于把仪式与功效相关联。戏剧越倾向于功效和改变，它就变得越像仪式；仪式越倾向于娱乐，就变得越像戏剧（也就越具有娱乐性）。当某种表演具有功效时，谢克纳就称其具有“转化力”（transformance），这个新造的术语意在强调表演（不论是仪式还是戏剧）在社会、心理或精神变革中的作用。

谢克纳对娱乐与功效紧密结合在一起的文化形式特别感兴趣，比如希腊悲剧、中世纪时由天主教会赞助演出的神话剧、伊丽莎白时代的戏剧。亚里士多德在谈论悲剧时引入了“净化”（catharsis）这个概念。他写道，借由悲剧，“强烈影响到某些灵魂的情绪”将会“愉快地释放”，他们“安静下来，仿佛得到药物治疗，涤荡了污秽，心灵得到净化”。悲剧在一年一度的酒神节期间在雅典上演，观看者的元素被引入了仪式之中，但所涉及的又不仅是娱乐。希腊悲剧中娱乐与功效的结合正是仪式研究中这一场争论开始的一大原因：仪式变成了戏剧吗？或戏剧变成了仪式吗？谢克纳对功效进行了研究，以绕开这种争论。戏剧表演具有疗愈潜力，这是长期以来就得到公认的。表演能够成为非常强有力的刺激情感释放的手段，这解释了为什么在戏剧、音乐和舞蹈疗法中精神疗法可以和表演结合起来。将戏剧和表演用于疗愈目的在被战争蹂躏过的地区以及社区发展和调解项目中变得越来越普遍。

谢克纳的功效-娱乐二分谱系在一定程度上是用于描述的工具，但也具有实质的一面。最好的仪式（或戏剧）能够将娱乐和功效结合在一起。如果仪式预先设定、太僵化，或是职责使然，太像一份工作就不太可能让人有愉悦或欢乐的体验；如果戏剧太过执着于影响现实，就可能变得非常乏味，剧院的上座率就很可能堪忧。另外，如果仪式没有起到任何变革作用，而仅仅是兴趣相投的人舒服地聚在一起打发时间，就会失去庄严的氛围，将随着时间的推移逐渐衰落。

具象化与铭刻

“具象化”是仪式研究中一个比较麻烦的术语。一方面，这个词指向了对心灵与身体的一种更加整体的理解。有些认知科学家会探讨“具象的心灵”（embodied mind），这个新造词试图克服西方知识传统中由来已久的笛卡儿式的心灵–身体二元论。另一方面，在仪式研究中，具象化的概念有一系列独特的含义。首先，这个术语可以指（以一种带有质疑的方式）观念和价值观通过仪式实践被铭刻入身体的方式。其次，具象化理论强调这样一个事实：仪式是人们着手理解世界的一种方式。与理性一样，仪式是一种求知的方式。

“铭刻”（inscription）的概念与凯瑟琳·贝尔的思想密切相关。贝尔遵循皮埃尔·布尔迪厄（Pierre

Bourdieu）的传统，对仪式持高度质疑的立场。对贝尔来说，仪式的过程主要是生产“被仪式化的”身体。仪式参与者被想象为某种可塑形的蜡，仪式将价值观、信仰、社会角色及地位铭刻于其上。贝尔将被仪式化的身体称为包含“社会本能的自动主义”，暗示着参与仪式的身体并没有全情投入，更多地是对外在更广阔的社会世界中的信号和指示的被动接受。“铭刻”和“自动主义”否定了仪式参与者的主观能动性，而将其放置入被仪式化的举动中。贝尔还进一步提出，参与仪式的人从根本上“误解”了他们正在做的事。例如，礼物赠予看似慷慨之举，但我们真正在做的却是策略性地创建一种权力关系，让受赠者亏欠赠予者。如果我们认清了真正发生了什么，礼物赠予的功能就会暴露，无法再继续。因此贝尔的基本假设是：仪式必然是基于误解和“错误意识”才能进行下去的。仪式“铭刻”的一个经典例证，是戴维斯–弗洛伊德对西方医院分娩仪式的解释：这种仪式在参与者的身体和心灵上都强化了主流的价值观和信仰（技术至上、效率以及对本能和身体的不信任）。当然有例子表明仪式参与者大都盲目和消极地接受他们参与其间的仪式的含义；从仪式压迫和意识形态层面研究很重要。但除了让人们接受霸权价值观和信仰，具象化还有更多的意义。具象化在仪式研究中的第二重意义，与在“实践理论”中的大不相同，它强调身体和感官本身就是获得智识的渠道。在广受赞誉的影片《牺牲》（*The Sacrifice*）［由安德烈·塔尔科夫斯基（Andrei Tarkovsky）编剧、执导］开篇，年老的教授、剧评家亚历山大在年轻的儿子陪伴下，在一片荒凉的海岸漫步，种下一棵枝叶稀疏的小树，思索着生命的奥秘。亚历山大给儿子讲了一个关于僧侣的小故事：他每天都带着一勺水上山，给一棵树浇水，一直坚持了三年。一天早上，他再次来浇水时，发现树上开满了花。亚历山大继续说道：“你知道吗？有时候我对自己说，如果一个人每一天都在恰好同一时刻做同样的动作，像进行一场仪式一样，每天都在同一时刻，雷打不动，连续进行，世界就会为之改变。是的，有些东西会改变，肯定会。”这个场景提出的问题是：仪式行为是否具有效用和力量？在生存焦虑和无意义面前，让自己行动起来从而产生新的思想，是否会比不断思考从而找到新的行动方式更加容易？亚历山大暗示的是，我们的行动和体验、行为与思想之间，必然存在某种关联。

在哲学领域，认识论研究的是我们如何知晓所知的一切。科学革命和启蒙运动之后，西方文化开始将理性推崇为获取知识最重要也是最佳的方式。启蒙运动的理性传统不仅将事实与价值相区分，也把心灵和身体相区分。勒内·笛卡儿在尝试寻求确定而清晰的知识的过程中，发现有必要删除感性的身体。他写过一句著名的话："我思故我在。"这样一种认识论，并不适用于身体；如果身体是对求知的障碍，那仪式也是。导致仪式在现代西方遭到贬低、日益减少的文化要素有很多，其中就包括认识论对理性的推崇，让它高于身体，与身体相对立。例如，在现代大学，我在教学中不能要求学生跳舞、祈祷、冥想、吃仙人掌，甚至也不能要求他们进入教室时先脱鞋。事实上，如果我这样推行仪式化行为，不能带来知识，只能让学生满腹狐疑。可是显然，正如塔尔科夫斯基的电影中所体现的，我们的身体如何行动是会影响到我们对世界的理解和与世界的关系的。仪式作为一种郑重的、形式化的对身体的不断重复使用，同样也是一种获取知识的方式。

米歇尔·福柯对哲学和灵性做了一个区分。他说，哲学试图思考制约着主体接近真相的条件和限制。灵性则相反，它是由一系列行动构成的，“主体”借此“实现了为接近真相所必需的自身改变”。当然，隐藏在“灵性”一词中的，乃是“仪式”一词。仪式知识，即通过灵性行为获取的知识，假定为了获取知识，主体自身必须发生改变。福柯强调，在古代的哲学传统中，哲学和灵性是相辅相成的。如何接近真相这个问题，与作为使接近真相成为可能的变革行动的仪式，两者是密不可分的。古代哲学是相当仪式化的，其中的因素和行为实践，福柯以“关注自我”（care of the self）[1]加以统称。

有关神圣旅程的经验和表述在各个文化、宗教和地域都存在。人类需要离开家园，跋涉前往一处圣地，与神圣的存在建立联系，获得身体和精神上的治愈，获取能让生活更新的新知识，这是宗教生活的一个根本维度。去往圣地（魂灵驻留之地、出生地、坟墓、洞穴、山中、圣骨所在地等）的朝圣之旅，虽然有时是违背神学和教会权威意志而进行的，却是历史

1　参见福柯《性经验史》第三卷。

上所有宗教都始终具有的一种表现。具有代表性的经典朝圣地包括：耶路撒冷（犹太教、基督教和伊斯兰教）、罗马（基督教）、麦加（伊斯兰教）、五台山（佛教）、贝纳勒斯（印度教）和冈仁波齐山（藏传佛教）。除了这些全球性的中心，在世界各地还分布着数以千计的地方性朝圣地，囊括了各种宗教传统。一般来说，朝圣之旅中包括行走仪节、巡游、追问、更加世俗的问候祝福、欢庆娱乐仪节。

图 6　两名身着传统白衣、头戴蓑笠的朝圣者带着登山杖，正准备进入四国遍路朝圣之旅 88 座寺庙中的一座

当代对朝圣的研究已经非常多元化了，不仅包括对经典朝圣地的研究，也包括对像迪士尼乐园等后现代场所、战场和灾难发生地、世界遗迹、流行歌星墓地等世俗场所的研究。朝圣研究可谓把神圣与凡俗交织融合在了一起。由于这种多元化，我们很难找到被广泛接受的、直截了当的对朝圣的定义。有时候我会和学生们一起头脑风暴，讨论朝圣的特征或要点，试图理解要定义它是多么困难。学生们很快就确定了若干构成朝圣的标准要素，之后，争论就开始了：

1. 目的地：这个场所必须是“神圣的”。（迪士尼乐园是朝圣地吗？）

2. 距离：朝圣之旅必须让人穿越某种物理的或文化的边界。（朝圣可以不离开熟悉的地方吗？）

3. 规模：朝圣必须是集体性质的。（有单独一个人的朝圣吗？）

4. 动机：动机必须是宗教性质的。（拜访珍珠港战役纪念馆算是宗教性的吗？）

基于上面这些标准，我们一般会得出一个这样的定义：朝圣是一个持续的事件，要离开所在地，众多人一起在宗教目的推动下，前往一处圣地，表明虔诚之心。当然，这个定义中使用的词语会引发许多问题。另外一个因素也渐渐地进入我们讨论的范围：能称为朝圣，必须遇到许多艰险，尤其是物理上的障碍；这段旅程会让身体承受压力，甚至有可能是非常危险的。

图 7　佛教朝圣者前往西藏拉萨。传统中，朝圣是严格的甚至危险的经历

从历史上看，风险、危机和努力是朝圣的核心特征。如果一个人在中世纪离开自己所在的英格兰教区前往耶路撒冷，他很可能再也回不来了，因为路途艰险，旅程漫长。直到今天，一些藏传佛教徒还以一路跪拜的方式前往印度、尼泊尔和中国西藏的圣地朝

圣。朝圣者全身俯伏在地上，四肢伸展，双手过头敬拜，然后起身，向前走三步半，再以同样的方式跪拜一次。这样一场朝圣可能要花上好几个月甚至好几年，视朝圣者要去的目的地而定。饮食非常简单，物质条件和旅途环境通常很艰苦。

把仪式看作备选的次级表达媒介（通过其他媒介可能表达起来更容易），将忽略仪式的独特之处：仪节是需要行动的——如果没有行动展演，也就没有仪节。行动表现的方式非常重要。我们能够借助自己的身体来学习。知识是肉身有形的（与大脑对照）、积极作为的（而不仅是沉思）而且具有潜在的改变力量（而不仅是设想）。

列维-斯特劳斯的萨满

克劳德·列维-斯特劳斯（Claude Levi-Strauss）是结构主义的奠基者之一。总的来说，结构主义与表演理论是不相容的。列维-斯特劳斯在1949年发表了一篇部分基于他在巴西的田野调查撰写的传阅甚广的文章《巫师及其巫术》（*The Sorcerer and His Magic*）[1]。在文中，列维–斯特劳斯论及仪式表演理论的一个关键方面，即他并不否认有些巫术具有实际效用，能够对他所称的“通感神经系统”（sympathetic nervous system）起作用。他写道，“巫术”若完全“发挥作用”，“暗示着对巫术的信仰”，也就是说，巫术和萨满教其实是精神现象。在文章稍后的段落里，我们又遇到了一段有些奇怪的文字——说它奇怪，不仅因为它很重要，似乎重构了列维–斯特劳斯的立场和主张的脉络，更因为他很快就把这个问题放到了一边，就如同他之前不经意谈起它一样：

> 萨满在治疗病人时，也让观众看到了一场表演。是什么样的表演？基于粗浅的观察我们斗胆来做个概括，可以这么说：萨满通常都会展演“召唤”，或能够让他揭示目前状况的原初危机。但我们不能被“表演”这个词给骗了。萨满并不仅仅局限

1 参见列维–斯特劳斯《结构人类学》第三部分第九章。

> 于再现或模仿某些事件。他实际上释放它们所有的生动、原初力量和暴力。

“我们不能被‘表演’这个词给骗了。”在这里，列维-斯特劳斯警告读者不要轻易地把表演仅仅看作表演，看作心理历程的代理人。列维-斯特劳斯明确地警告，表演自身是有某种力量的，忽视它就等于忽视了让萨满教能起作用的一些关键要素。这段话确实相当奇怪，完全不像结构主义对待仪式的典型态度。另外，萨满“实际上释放”他的召唤。“实际上释放”某些东西是什么意思？与简单地释放相对？就在要全面抨击表演理论之时，列维-斯特劳斯突然收回来，把萨满的行为与心理分析师的加以比较。

如同按压一个弹簧，放松对仪节的控制，让它自由展开，它就能起作用。为什么？仪式表演、仪式展演是具有力量的。维克多·特纳引入了在研究和教学中“表演民族志”（performing ethnography）的概念。特纳会让学生展演从田野带回来的仪式场景或文本记录。这种行为在当时乃至今日都是充满争议的。然而，与其相关的问题引人深思：如果我们作为主体不被要求改变或变换任何一点什么，那我们还能不能够接近和获取知识，乃至理解真相呢？霍皮人的卡其纳成年礼和藏传佛教的朝圣，会让主体发生这样的变化，是通过参与仪式而产生影响力，仪式是知识的前提条件。

许多持表演理论立场的仪式理论家请我们好好思索一下仪式行为的求知力量。例如，成年礼是不是具有象征或宣告力之外的力量？在成年礼的最后几天里始终卖力地舞蹈、击鼓，会引发一种认知上的变化。它会强烈改变我们对世界的看法，因此那些跳舞的时刻是否不仅正式标志着一种全新的、集体公认的社会地位，而且产生了与之前存在方式的断裂？有没有可能我们的观念、价值观、态度，并非行动的先导，而是通过表演的方式构成的？对谢克纳来说，通过行动“感觉到在做某事，就足以让行动者和观看者同时具有深刻感受”，这是一种与之前提到的世阿弥类似的观点。情感与观念并不仅仅是通过意识来吸收的，也是通过身体的表演行动形成的。

|第七章|

仪式的命运

07

《礼记》是关于仪节之书，乃儒家早期五大奠基著作之一，大约编纂于公元前2世纪，让我们得以一窥早期中国的宗教和道德特征及其争论点。《礼记》中包含着一种社会宇宙论思想，描述了从“大道”行世的“大同”时期的和谐繁荣景象，到自我中心、无序、盗匪横行的状态的堕落。《礼记》还预言“圣人”将出现，将提供重建并维持和谐有序状态的方法。对抗人类堕落状态的方法中，最主要的就是被称为“礼”的各种机制、指导和实践。“礼”翻译成英文，最常见的是 rituals 或 ceremonies。“礼”被设想为“结”，将社会联结在一起，缺少了这些“结”，社会就会散乱无形，人们就会各自为政。从自然的良善和睦状态脱离出来后，我们只能借助仪式行动来创设、规定和延续“最基本的繁荣”。仪式是一种产生并维持秩序、善意和归属感的机制与技术。

《礼记》早在两千多年前就预言了迪尔克姆的观点。迪尔克姆认为，仪式能够将本来原子化的个体组织为一个有凝聚力的群体。仪式让人们形成一个群体，往一个方向使力，但也并不能就此保证和谐。仪式可能走偏，或传统的仪节可能无法应对社会和文化的变迁。但我们所能仰仗的只有仪式，因此《礼记》的深层关怀是重申仪式的价值，也是理解并解释仪式在什么情况下无法替代“大道”起作用。而在两千年后，在地球另一边启蒙时代之后的欧洲，我们找到的却是另一种对待仪式的态度。

哲学家查尔斯·泰勒（Charles Taylor）提出了“社会想象”（social imaginary）概念，用以指代一种社会想象并实践社会生活的方式。《礼记》这样的儒家典籍中刻画的社会想象，为仪式和典礼保留了非常重要的位置，但现代西方的社会想象截然不同。我们现代社会的想象是许多连锁变化的产物（技术的、经济的、宗教的、政治的）最终塑造了现代世界。其特征之一是对仪式的敬意消散和仪式的缺位。泰勒在他对“世俗时代”的现代世界的研究中，提到了一种

“脱离肉身”（excarnation）的过程，即“我们的宗教生活从仪式、崇拜、行动实践的有形状态转变得越来越只存在于‘头脑中’”。

启蒙哲学倡导个体自治、理性和社会变革，还瞄准了宗教信仰和仪式。仪式被视作僵化、不合时宜的原始的迷信遗存，而这样的过去阻碍人类迈向真正的进步。仪式与它的近亲神话一样，成为被质疑被讥讽的对象。“神话”被打上了谬误的印记——神话就是谎言，一个不真实的故事，往好里说就是充满狂想。仪式则被讥讽为因循守旧的、让人上瘾的狂热行为——过时的、乏味的、低效的、压抑的。仪式的名声在世俗化的现代西方被玷污，其实践被孤立、禁绝。这种全然质疑、否定仪式的观念，时至今日仍然在欧洲和北美的知识和文化界存在着。

仪式主义与原始主义

随着宗教改革的展开，西欧开始出现去仪式化进程。这种清除仪式的行动在启蒙运动和工业革命中持续进行。当19世纪和20世纪早期的学者开始研究现代边缘社会时，仪式重新为人所见了。仪式在古代的典籍中也具有核心地位，学者们对此越来越关注，并运用新的历史和比较方法加以研究。在人类学和文本研究中，发展理论将仪节，尤其是与献祭和巫术相关的仪节，视为区分“原始”和“现代”社会的标志。有影响力的思想家找到了种种仪式的证据来支持文化进化理论。这种理论认为，社会的进步分三个阶段，从巫术到宗教，再到科学。在动物行为学家看来，仪式是一种集体的社会本能。这就意味着那些由复杂普遍的仪式体系深深主宰着的社会——主要是生活在现代、工业化、技术主宰社会边缘，以及非西方文化体的人们——更加“遵从本能”，因此也就远离现代欧洲的理性、技术推崇、个人主义、自由启蒙的文化。于是，学术和政治精英自然而然地对仪式充满质疑，因为仪式已被视为文化落后的标志。

原始主义和种族主义话语是仪式理论史中的一部分。在早期对仪式的研究中，我们很容易就能遇到带有这种色彩的概念，主要就是“仪式主义”（ritualism）概念。让我们来听听诗人、文学评论家、人类学家安德鲁·朗（Andrew Lang）在他出版于1887年的巨著《神话、仪式和宗教》（*Myth, Ritual and Religion*）中是怎么说的。朗调查了印度宗教的发展，指出在“整个古代（吠陀）神话”中，“堕落的婆罗门仪式主义如同某种华贵而邪恶的寄生生物一样生长”。我们从中了解到，吠陀神话“起源于自然崇拜”，“在数不胜数的案例中，只是借助仪式性质的堕落行为，模糊地反映自然现象”。朗的用语揭示了他所处时代知识界的思想轮廓。或许我们会倾向于认为自己早已超越了这种思维定式和偏见，但文化基调的转变是非常缓慢的。仪式仍然普遍与“仪式主义”和“仪式性质的”——这两个词都不太带有推崇的色彩——相关联。20年前，“撒旦仪式虐待”（Satanic ritual abuse）[1]造成的恐慌，以及最近女性外阴损毁事件引发的讨论，都表明西方文化中对仪式的想象如何持续地笼罩在原始主义思维定式之下。

1　“撒旦仪式虐待”这一罪行的指控往往是靠过度执法、孩子提供的未经证实也无法证实的证词，尤其是医生和检察官在审讯中采取强制性和暗示性手段引导的证词，最终造成的冤案。

随着人类学、社会学和宗教史学研究领域在20世纪初逐步形成并巩固下来，仪式靠着迪尔克姆式社会功能主义重新获得了一些好名声。宗教行为被视为社会秩序和社会稳定的载体，于是具有了一定价值。但问题在于，仪式是以相对无意识的方式起作用的。仪式或许能以这种方式运作，只是作用不会太大；仪式妨碍了对自然、社会和心理过程及动力的理性理解。这种主张继续讲道，参与仪式的人们其实并不知道他们在做什么，仪式是遮蔽了现实的一层面纱。启蒙运动的缓慢推进，意味着放弃非理性和压抑的群体仪节，拥抱解放了的理性和个体自治。此处的要点在于，早期的仪式理论仍受制于进化论观点，通常只不过是稍做掩饰的文化优越性表达而已。“仪式主义”和“仪式性质的”之类轻蔑语言和意象，早已进入现代西方的词库和世界观中。

例如，弗洛伊德把自己在病人身上发现的迷狂强迫行为描述为类似于宗教仪节和行为，因此也就把宗教框定为集体性的强迫症：仪式被等同于病症。弗洛伊德提出，重复的、律动的、形式化的强迫行为是压抑的结果，根源于恐惧和罪恶感；强迫行为是潜藏在表面之下的真正情况的信号，尽管病人完全没有意识到自己所作所为的真实意味。宗教仪式的动机和意义也是参与者所不知晓的，他们只是执行动作而已，实施“仪式性质的”行为和举止，对其含义全然不明。对弗洛伊德来说，宗教信仰和实践能够成为团结感的一种来源，但这种美好的感觉是付出了高昂的代价——完全无意识——才换来的。

精神分析学派的传统总的来说意识到了仪式的作用，但把它与“原始”社会和心理关联在了一起，社会学也是类似的情形。颇具影响力的社会学家罗伯特·默顿（Robert Merton）在20世纪中期写道，仪式乃是社会异常的一种形式，一种认同社会“失范”的方式。默顿提出，所有的社会都有一些失范特征，即集体理想目标与个体实现这些目标的能力之间的距离或差异。对那些无力达标者来说，有些形式属于“异常适应”方法，其中就包括犯罪行为（指人们以打破规则和法律的方式获取社会看重的目标）、“退避主义”（指人们用酗酒和吸毒的方式退出竞争游戏），以及“仪式主义”（人们仍然牢牢坚持社会规定和形式，但却让自己屈服于这样一个事实——自己永远达不到社会看重的成就）。仪式就这样与犯罪和上瘾为伍（实在不是什么好伙伴），被设想为一种与失败和退避混同在一起的精神状态。在莫顿笔下，仪式再次被化约为“仪式主义”，只是纯粹的外在表现行为而已，完全没有什么真实的思想投入或情感深度，早已缺失了仪节和典礼中蕴含的价值和观念。作为仪式主义的仪式，完全就是一种羞耻。

现代西方发展出来的这些总体而言消极的仪式观念，并不完全是由学者推动的。19世纪下半叶，英国国教内部发动了一场推广和改革教会礼仪的激进运动，其中多项改革措施——授予不同颜色的礼袍、举行圣餐礼时要面朝东方、仪式前举行游行、教堂内塑像——引发了激烈的争论和抵制。冲突的原因部分源于英国长期以来天主教与新教之间的紧张关系，但同样起作用的还有渗透在文化中的对仪式的否定态度。形式高度固化的仪式被视为上流阶层参与的、剧场表演般的事情，矫揉造作、虚伪不堪。有批评家控诉称，这些对教会礼仪所做的改革会让男人变得更加“娘娘腔”。当时的英国首相本杰明·迪斯雷利（Benjamin Disraeli）将这场仪式改革运动称为

“假面舞会弥撒”。仪式改革派遭到猛烈抨击，被视为对英国身份认同和英国社会道德构架的威胁。这场争论导致议会在1874年通过了一项《公共崇拜法规》（*Public Worship Regulation Act*）。依照法规的规定，众多教士受到指控被起诉。仪式不仅“原始”，还违法。

迷失与期待

要理解和体验仪式在现代西方文化中的相对缺位，另一种方式是不将其视为一种进步而视为一种倒退，不将其视为成就而视为迷失。如果说19世纪末和20世纪的众多学者发展形成了一种对仪式充满质疑的立场，恨不得看到仪式的末日降临，那其他人则在反思充满模糊暧昧和怀旧特征的“脱离肉身”的分析趋势。迪尔克姆或许只是研究其他社会的仪节和典礼，但他这么做，在一定程度上是想更好地理解自身的位置和时空。迪尔克姆设定，现代性的社会失范（共享的集体认同破碎、社会机制作用减弱）和仪式在西方影响力萎缩之间存在关联。同样地，朱利安·赫胥黎也把动物行为学发现用于反思仪式在当代的生存状态。赫胥黎看到，20世纪的种种病态（社会联结纽带缺乏、沟通不畅、冲突恶化、战争绵延不绝，导致大规模杀戮不断）和社会中仪式化不力之间存在因果关系。赫胥黎的理由是，既然仪式化具有社会功能——能规范从求偶到战争的所有一切，那一个不关注仪式化模式的社会，无疑是在玩火自焚。

玛丽·道格拉斯在她的《自然象征》（*Natural Symbols*，1970）一书中，把开篇一章命名为“远离仪式”。在这一章中，她既探讨了现代西方满怀质疑地脱离了仪式的世界，也讨论了社会学理论中普遍对仪式否定的概念。在道格拉斯看来，放弃仪式就是放弃公共形式的团结和机制建构，而这在20世纪60年代的反文化运动中达到失败的低谷。道格拉斯还进一步提出，在她的时代，理论界以否定意味使用“仪式”一词是不可接受的，她自己提出一种更加中性的从象征沟通角度给出的定义。

在重新引导对待仪式的态度的学术尝试中，或许最野心勃勃也最具有影响力的尝试出自比较宗教史学家米尔恰·埃利亚德的著作。对埃利亚德来说，宗教是导向和以什么为重点的问题，是对世界的一种态度和体验方式。这部分是经由仪式创生的，尤其是入会仪式。他说道，入会仪式是让人们成为人、宇宙变得神圣的最基本手段。埃利亚德在他那部写于1958年的论入会仪式的经典文本中这样开篇：将“现代人”的困境定位为生活在一个“去神圣化的宇宙”中，并把这种状态的出现与“有意义的通过仪式消失”关联起来。埃利亚德称，“入会仪式居于任何一种真正的人类生活的核心”。如果我们同意他的观点，那缺乏有意义的入会活动的社会，就只能是不正统的、浅薄的。埃利亚德认为，一个社会的主要仪节乃是自我更新的手段。社会能量必定有涨有落，仪式重新将参与者们与初始能量及“原初的”行动者们联系起来。新入会者仪式性地在旧状态中“死亡”，进入通往新生和转变的子宫，随后以重生和重构的姿态重返世间。

正如学术理论界的情形一样，在日常生活中，仪式也正在获得越来越多带着赞赏的关注。在整个19世纪下半叶，我们可以发现，在欧洲和北美的宗教生活潮流中，仪式都在回归。英国国教会中的仪式改革派就是明显的一例。约翰·拉斯金（John Ruskin）虽以绘画作品闻名，但也曾鼓励英国的新教建筑采纳哥特建筑形式，并谨慎地鼓励复兴教会仪节。拉斯金还声援过五朔节花柱舞会[1]等民间风俗的复兴。这类风俗大部分自宗教改革时期就受到压制。新教美洲文化也类似地对仪式的缺乏做出了反应。很多福音派新教徒都欢迎一种更有内涵、更为戏剧化的教会仪节。19世纪英属美洲文化中对仪式的兴趣和实验，宣告了信仰复兴派的露天集会运动的兴起，以及对灵性兴趣的增长。

在整个20世纪，仪式缺位的观念不断发展：西方文化的病症之一是仪式缺位，复兴仪式是解决困扰我们的问题的一种方法。埃利亚德之后，大量入会仪式理论中都包含了类似主张：工业化的现代世俗社会中，与出生和入会相关联的通过仪式要么完全消失，要么不再起作用；即使是还受到关注的通过仪式（婚

1　欧洲的民间传统节日庆典，历史十分悠久，一般在5月1日前后举行，意在庆祝春天来临，万物生长。五月柱由高而直的树木制成，最常见的是剥掉树皮的桦树或松树。树身装饰着五彩缤纷的彩带。人们围着花柱唱歌、跳舞。

礼和葬礼），商业化和过度包装也让其正统性和功效大打折扣。有一实力强劲的仪式理论流派认为，（认定的）西方文化普遍在精神上和社会层面失范，与缺乏引导和推动年轻人进入成人阶段的入会仪式有关。这种假设导致大量“仪式创制”（ritualizing）现象出现。这个词是罗纳德·格里梅斯引入的，用来区分既定的、已被广为接受的传统仪节与特意培育新仪节的举动。在西方社会，恢复和重新创制通过仪式的呼声主要关注成年礼，尤其是男性成年礼。如果缺乏通过仪式，生命周期中的重要转折或阶段仍然会出现仪式创制行为。这种现象并不少见，比如男孩经常会采取无人指导的、自发的且通常带有暴力性质的类成年礼活动。

仪式渴望和积极仪式创制也不是完全没有问题。现代西方社会新发明出来的入会仪式，大量“借鉴”其他文化的仪式元素。埃利亚德曾设想，“传统”社会的仪式实践将成为复兴现代工业化社会的丰富工具库。这启发了仪式发明活动，引发了一种饥渴，鼓励了仪式盗用行为。众多欧洲裔北美居民为了他们的精神改善需求，求助于北美本土传统入会仪节：蒸汗棚屋[1]、幻象寻求、圣笛、捕灵器等。这些都是众多灵性工作坊和隐居地常用的手段。但对许多土著居民来说，非土著居民对本土宗教、象征和仪式体系的迷恋，代表的是对北美土著居民的持续殖民。针对文化盗用的争论起初关注的主要是土地权、归还工艺品和遗骸，但随后扩展到仪式实践的问题。仪式融合在历史上和各个文化之间都很普遍。但如果我们要参与仪式创制，需要注意围绕借用（或者应该用“盗用”）他者文化仪式传统的政治和道德争议。

仪式与公共生活

近期的仪式理论见证了早期勾勒仪式与群体团结间关系的努力的复兴。法国学者托克维尔（Alexis de Tocqueville）在描述19世纪中期的美国时创造了“个

1 蒸汗棚屋，在北美土著部落以及世界其他地方发现的一种仪式。在部落宗教首领组织下，人们搭建棚屋，在屋外燃起篝火加热石头，然后把石头运入参与者所在的棚屋内，参与者在高温的环境下进行献祭、唱诵和冥想等活动。

人主义”这个词，来描述在日益发展的市场经济社会环境下兴起的“美国特征”：强调个人自主和平权，以及民主政府。托克维尔这样描述个人主义：

> 每个人，都退回到自我本身，表现出他只是所有他人命运的陌生人。他的孩子和他的好朋友对他来说，就是人类种族的全体。而他与其他公民同伴的交往则是——他可能混迹于他们中间，却根本对他们视而不见；他触摸到他们，却感觉不到他们；他只作为自己存在，也只为自己存在。如果说他的脑海中还存在着对家庭的感觉的话，社会的感觉则是不存在的。

同样的趋势也能在欧洲发现。这体现在德国社会学家格奥尔格·西梅尔（Georg Simmel）的思想当中。西梅尔在20世纪初的作品中提出，社会已经变得越来越缺乏社会性，越来越不让人觉得友好而愉快。他说人们具有本能的驱动，想要建立联系，想要超越个体自我与他人联合，但这种需求正在因集体仪式等公共文化形式的缺乏而遭受打击。“鲜活的个体具有的生命力、感受力和吸引力，都以最具说服力的方式充分得到展示……在这一场多少让人惊奇的表演中。”娱乐性和即兴表演是西梅尔关注的那种联合要达成所必需的，而这些正是欧洲历史悠久的狂欢节和地方节庆传统的内在逻辑。但这些仪式形式在宗教改革、启蒙、专制时期，以及欧洲法西斯主义兴起的进程中遭到压制和忽视。

“现代社会想象”的一个核心特征，是内涵丰富的公共生活衰落。理查德·塞内将其称为“公共人的衰落”，查尔斯·泰勒称之为“道离肉身”。在《仪式及其影响》（*Ritual and Consequences*）一书中，亚当·塞利格曼（Adam Seligman）和他的同事们对“sincerity”（真诚）和“ritual”（仪式）等概念范畴在历史上的变化及其在现代社会中的使用进行了比较。他们提出，现代生活的前提是真诚，一种内观的、个体的、抓住朴素真理的尝试。相反，仪式是一种离心的、集体的而且本质上是虚拟的空间，鼓励社会交往和社群的价值。尽管他们的模型多少有点过于极端——仪式也可以具有很强的启示性，尽管对个体而言多少有点压制，但他们确实提出了一个其他许多人也已经开始探索的问题：对于一个贬低在仪式中可以找到并贯穿其间的集体经验的社会，此举会带来什么后果？

理查德·塞内在他出版于2012年的《在一起：仪式、欢愉与政治合作》一书中提出，我们的公民和社交仪式已经变成了景观，参与者被降格为单纯的观察者和消费者。塞内发现的问题——在现代社会中，我们的合作能力普遍在销蚀——能够找到这样一个答案：基于拉斯金式的仪式，像工匠那样聚集在一起，大规模地通过精巧的日常仪式化过程，生成礼仪规范、公民性、对话以及互相关怀。这是空想式的怀旧吗？或许是吧。然而仪式在培养遵从和恰当举止方面的作用，也就是欧文·戈夫曼曾详细探讨过的，或许能对一个似乎连最基本的公共合作形式也已丧失的社会说点什么。

仪式重新回归的另一个维度，可以在欧洲许多地方近年来逐步增多的节庆中找到，北美的情况也是如此，虽然规模没有那么大。在过去几十年间，公共节庆和庆典正大规模地，甚至可以说前所未有地得到复兴和重新发明。节日庆典包括群体定期聚会，在一个特意留出来的时间和空间为表演娱乐的目的而来，参与具有审美价值的活动，分享美食，交换礼物、故事和歌谣，随后四散而去。这些共享行动和情感的时刻“既让我们跳脱了日常，又似乎让我们触摸到了某些独特的、超越我们自身的事物”。我这里引用的是查尔斯·泰勒的话。他把这种情形归于“节庆的”范畴，它天然地与更加直接的、积极的、面对面的公共氛围的发展相关。泰勒还指出，这也是“我们生活的世界中一种新形式的宗教”。

将公共仪式与社会交往联系在一起，跳出了社会学通常对社会结构的强调，而指向了个体和群体的表达、表演和娱乐。当然，我们也可以说，社交行为维持了群体的团结和阶序。但我们也可以说，节日庆典对人类具有根本性的意义，如果缺少定期的节日聚会，社会价值观和团结就可能瓦解。节庆的社会性不可压制、不可化约，也就是说，它是根本性的，是社会生活的基石、基础。因此，在经历了教会和国家几个世纪以来相对成功地对公共节庆的压制后，节庆文化又再次在欧洲的大街小巷（就比如在宗教改革的发源地德国的维滕贝格）复兴，也就不足为奇了。

节庆（或庆典）是在各个文化中都能找到的一种仪式类型。它的一大特征是：节庆参与者同样也是生产创造者。在剧场舞台下观看表演时，观众和演出者之间的界限，在正常表演过程中都是非常清晰的，但节庆中的积极参与截然不同。在节庆表演中，观看者和消费者都得到鼓励，积极参与进来变成表演者和生产者。观众愿意参与进来，是一场节庆成功的关键。表演者与观众之间区分的程度，是用来区分仪式与戏剧的一大特征。如果区分程度高，那就是戏剧；如果观看者也成了参与者，那就是仪式。游戏也以观众和表演者之间没有界限为特征：如果你只是看，那就不在玩。旨在让观众参与的节庆就是在向仪式和游戏发展，参与者也会部分参与到它的创制当中。而如果观众是消极无作为的，那我们得到的就只是一场文化演出，观看者只是观看并消费。

节庆具有我们能想象到的极强的社交性，正是因为我们可以消失在人群中。节庆参与者与同伴联系在了一起，互动交流。总体而言，一场节庆会把人们聚集起来，不是在个人亲密交往或泛泛之交的层面上，而是形成社群和社会性的意义上。游戏和戏谑都是节庆中的常见行为。当代复兴的地方节庆容纳多元的表演，允许角色扮演，创造了一个民众能够在公共舞台上向彼此展示自我及其行为的场合。

“景观”的一大基本特征，是观众与表演者之间的截然区分。在景观中，表演者表演，观看者隔着一定距离观看。相反，在节庆中，所有人都受到召唤，共同聚在一起欢庆。把某一事件称为“景观”，会带有一定的质疑与批评意味。节庆就不同了。景观让你离着一段距离观看表演（比如斗牛表演），会激发观看者的敬畏和好奇，抓住观看者情绪，而节庆是众人同乐的场合，或至少本意如此。法国社会学家居伊·德波（Guy Debord）[1]认为，现代性是一种“景观社会”，也就是说，“没有节庆的时代”。区别在于，景观是由精英制造的，服务于民族主义、消费和商业的目的；节庆则是从人们的生产劳动中自然浮现的，更加有机，也会更加周期性地延续。一年一度的

1 居伊·德波（1931—1994），社会学家的身份不足以概括德波，他还是导演、批评家和活动家（尤其在1968年五月风暴中）。以上关于景观社会的观点可参见他的同名代表作。

节庆及其城镇和地区的社会文化生活背景是融为一体的，它们不断重复、不断改进，每年都在人们的期待中举行。

节庆通常被认为是文化大事件，但也是某种社会机制。用社会评论家伊万·伊利奇（Ivan Illich）[1]的话来说，它们是“工具”。伊利奇写道：“工具内在于社会关系之中。个体通过使用他能有效掌握的工具，用行动把自己和社会联系起来……他能在多大程度上有效掌握工具，就能在多大程度上把自己的意义赋予这个世界；特定工具在多大程度上主导了他的行为，该工具的形态就在多大程度上决定了他的自我意象。”伊利奇对交际工具或机制（convivial tool or institution）的描述是非常精确的：“交际工具是那样的：赋予使用者最大的机会来用自己的眼界孕育的成果丰富周边环境。”

1　伊万·伊利奇（1926—2002），克罗地亚裔奥地利哲学家、天主教神父、西方社会文化批评家，关注教育、工作、医药、能源应用等社会各个方面，但最具影响力的还是对强制学校义务教育的批判，代表作为《去学校化社会》。

图 8　布拉格天鹅绒狂欢节期间，戴面具的人在狂欢游行。这种游行开始于 2012 年，旨在传承和平的天鹅绒革命体现的渐进社会变革精神

许多当代的节庆都具有这种积极作用，促进人们的广泛参与，鼓励自我表达。在这个过程中，它们“丰富了环境”。以埃里克·霍布斯鲍姆和大卫·科尔策（David Kertzer）的作品为代表的“传统发明”学派，受到了公共礼仪研究成果的极大影响。这两位学者都聚焦于政治典礼，都将仪式设想为创造意识形态和维护霸权的工具。当然，仪式或许可以为这样的目的服务，但并非必然如此，仪式工具还有其他的类

别。在国家民族主义时代，典礼大多是充满暗示意义的、说教性的、单一逻辑的、景观式的，但许多当代庆典已经背离了这种模式而更趋向于节庆氛围，其主要特征是民众广泛参与、形式多样、自发形成，而且充满随性意味。仪式通过神圣的、尊崇时间的、尊崇祖先的实践活动汲取力量。但它同样也可以很受欢迎，因为借由它来达成某种目的是很有效的，或仅因为它非常令人愉悦。节庆和公共庆典曾经是也将一直是创造团结感的重要工具，对于一种亟须复兴公共氛围的文化来说非常积极有效。

参考书目

第一章

[1] Tom Driver, *Liberating Rites: Understanding the Transformative Power of Ritual* (Boulder, CO: Westview, 1998), 36–37.

[2] Tom Driver, Werner Binder, and Barry Stephenson, "What's at Stake in Torture,"in *Ritual, Media, and Conflict,* ed. Ronald L. Grimes et al., 235–236 (New York: Oxford University Press, 2011).

[3] Gwynne Dyer, *War* (New York: Dorsey, 1985), 6.

[4] Adam Hoebel, "Law-Ways of the Primitive Eskimos," *Journal of Criminal Law and Criminology* 31, no. 6 (1941): 663–683.

[5] Julian Huxley, introduction to "A Discussion on Ritualization of Behaviour in Animals and Man," *Philosophical Transactions of the Royal Society of London*, Series B 251 (1966): 249–271.

[6] F. B. Kirkman, quoted in Richard Burkhardt Jr., *Patterns of Behavior: Konrad Lozenz, Niko Tinbergen, and the Founding of Ethology* (Chicago: University of Chicago Press, 2005), 100.

[7] E. O. Wilson, *Sociobiology: The New Synthesis* (Cambridge, MA: Harvard University Press, 1975), 247.

第二章

[1] Richard Bradley, *Ritual and Domestic Life in Prehistoric Europe* (London: Routledge, 2005).

[2] Walter Burkert, *Structure and History in Greek Mythology and Ritual* (Berkeley: University of California Press, 1979), 91.

[3] James Frazer, *The Golden Bough: A Study in Magic and Religion* (New York: Cosimo, 2009 [1922]), 337, 388, 324.

[4] Rene Girard, *Violence and the Sacred* (Baltimore, MD: Johns Hopkins University Press, 1972), 306.

[5] Ronald L. Grimes, *Rite out of Place* (New York: Oxford University Press, 2006), 109.

[6] Werner Herzog (director), *Cave of Forgotten Dreams* (Kinosmith Films, 2011).

[7] Homer, *The Iliad*, trans. Robert Fagels (New York: Penguin, 1990), 92–93.

[8] J. D. Lewis-Williams, "Harnessing the Brain: Vision and Shamanism in Upper Paleolithic Western Europe," in

Beyond Art: Pleistocene Image and Symbol, ed. Margaret Conkey, 326 (Berkeley:University of California Press 1997).

[9] Klaus Schmidt, "Gobekli Tepe, Southeastern Turkey: A Preliminary Report on the 1995–1999 Excavations," *Paleorient* 26, no. 1 (2001): 46.

[10] Jonathan Z. Smith, "The Bare Facts of Ritual," *History of Religions* 20, nos. 1–2 (1980): 125.

[11] Walter A. Van Beek, *The Dancing Dead: Ritual and Religion Among the Kapsiki/Higi of North Cameroon and Northeastern Nigeria* (New York: Oxford University Press, 2012), 97–98.

第三章

[1] Emile Durkheim, *The Elementary Forms of Religious Life*, trans. Karen E. Fields (New York: Free Press, 1995), 212, 217, 314.

[2] Clifford Geertz, *Local Knowledge* (New York: Basic Books, 2000), 125.

[3] Max Gluckman, *Politics, Law and Ritual in Tribal Societies* (Chicago: Aldine, 1965), 164–165.

[4] Eric Hobsbawm and T. O Ranger, eds., *The Invention of Tradition* (New York: Cambridge University Press, 1983), 2.

[5] Edward Muir, *Civic Ritual in Renaissance Venice* (Princeton,

NJ: Princeton University Press, 1981), 302.

[6] Roy Rappaport, *Ritual and Religion in the Making of Humanity* (New York: Cambridge University Press, 1999), 8, 1–3, 24.

[7] Victor Turner, "Are There Universals of Performance in Myth, Ritual and Drama?" in *By Means of Performance: Intercultural Studies of Theatre and Ritual*, ed. Richard Schechner and Willa Apel, 12–13 (New York: Cambridge University Press, 1991).

第四章

[1] Vincent Crapanzano, "Rite of Return: Circumcision in Morocco," in *The Psychoanalytic Study of Society* 9, ed. Werner Muensterberger, 15–36 (New Haven, CT: Psychohistory Press, 1980).

[2] Robbie Davis-Floyd, *Birth as an American Rite of Passage* (Berkeley: University of California Press, 1992), 8.

[3] Tom F. Driver, *Liberating Rites: Understanding the Transformative Power of Ritual* (Boulder, CO: Westview, 1998), 166.

[4] Clifford Geertz, *The Interpretation of Cultures* (New York: Basic Books, 1973), 5.

[5] Sam Gill, *Native American Religious Action: A Performance*

Approach to Religion (Columbia: University of South Carolina Press, 1987), 70.

[6] Ronald L. Grimes, *Ritual Criticism* (Columbia: University of South Carolina Press, 1990).

[7] Michael Houseman, "The Red and the Black: A Practical Experiment for Thinking About Ritual," in *Ritual in Its Own Right: Exploring the Dynamics of Transformation,* ed. Don Handelman and Galina Lindquist, 76 (New York: Berghahnbooks, 2005).

[8] Richard Schechner, *Essays on Performance Theory, 1970–1976* (New York: Drama Book Specialists, 1977), 71.

[9] Stanley J. Tambiah, *Magic, Science and Scope of Rationality* (New York: Cambridge University Press, 1990), 81.

[10] Victor Turner, *The Forest of Symbols: Aspects of Ndembu Ritual* (Ithaca, NY: Cornell University Press, 1967), 392.

[11] Anthony Wallace, *Religion: An Anthropological View* (New York: Random House, 1966), 107.

第五章

[1] Catherine Bell, *Ritual: Perspectives and Dimensions* (New York: Oxford University Press, 1997), ix.

[2] Catherine Bell, *Ritual Theory, Ritual Practice* (New York: Oxford University Press, 1992), 141.

[3] Michael Stausberg, "Ritual: A Lexicographic Survey,"in *Theorizing Rituals: Issues, Topics, Approaches, Concepts,* ed. Jens Kreniath et al., 54 (Leiden: Brill, 2006).

[4] Victor Turner, *The Forest of Symbols: Aspects of Ndembu Ritual* (Ithaca, NY: Cornell University Press 1967), 19.

[5] Ludwig Wittgenstein, *Philosophical Investigations* (London: Blackwell, 1958), par. 66.

第六章

[1] J. L. Austin, *How to Do Things with Words*, 2nd ed. (Cambridge, MA: Harvard University Press, 1975), 5–6, 12.

[2] Catherine Bell, *Ritual Theory, Ritual Practice* (New York: Oxford University Press, 1992), 99.

[3] Michel Foucault, *The Hermeneutics of the Subject* (New York: Picador, 2005), 15.

[4] Yoel Hoffmann, *The Sound of the One Hand: 281 Zen kōans with Answers* (New York: Basic Books, 1975), 47.

[5] Edmund Leach, *The Essential Edmund Leach: Anthropology and Society* (New Haven, CT: Yale University Press, 2001), 168.

[6] Claude Levi-Strauss, *Structural Anthropology* (New York: Basic Books, 2008), 180.

[7] Richard Schechner, *Performance Theory* (New York:

Routledge, 2003), 129–130, 322.

[8] Zeami, *On the Art of the No Drama: The Major Treatises of Zeami*, trans. J. Thomas Rimer and Masakazu Yamazaki (Princeton, NJ: Princeton University Press, 1984), 157.

第七章

[1] Guy Debord, *The Society of the Spectacle* (New York: Zone Books 1995), 113.

[2] Mircea Eliade, *Rites and Symbols of Initiation* (New York: Harper Torchbook 1958), 16.

[3] Ivan Illich, *Tools for Conviviality* (New York: Marion Boyers, 1973), 11–23.

[4] Georg Simmel, "The Sociology of Sociability," in *Theories of Society*, ed. Talcott Parsons, 158–159 (New York: Free Press of Glencoe, 1961).

[5] Charles Taylor, *A Secular Age* (Cambridge, MA: Belknap Press, 2007), 482–483, 613.

延伸阅读

如果读者希望继续学习仪式，可以从以下书目开始阅读该主题相关文献：

[1] Bell, Catherine. *Ritual: Perspectives and Dimensions.* (New York: Oxford University Press, 1997).

[2] Burkert, Walter. *Homo Necans: The Anthropology of Ancient Greek Sacrificial Ritual and Myth.* Translated by Peter Bing. (Berkeley: University of California Press, 1983).

[3] Driver, Tom F. *Liberating Rites: Understanding the Transformative Power of Ritual.* (Boulder, CO: Westview Press, 1998).

[4] Eliade, Mircea. *Rites and Symbols of Initiation: The Mysteries of Birth and Rebirth.* (New York: Harper, 1958).

[5] Grimes, Ronald L. *The Craft of Ritual Studies.* (New York: Oxford University Press, 2013).

[6] Grimes, Ronald L. *Deeply Into the Bone: Reinventing Rites*

of Passage. (Berkeley: University of California Press, 2000).

[7] Handelman, Don, and Galina Lindquist, eds. *Ritual in Its Own Right: Exploring the Dynamics of Transformation.* (New York: Berghahn Books, 2005).

[8] Humphrey, Caroline, and James Laidlaw. *The Archetypal Actions of Ritual.* (New York: Oxford University Press, 1994).

[9] Hüsken, Ute, and Frank Neubert, eds. *Negotiating Rites.* (New York: Oxford University Press, 2012.)

[10] Muir, Edward. *Ritual in Early Modern Europe.* (New York: Cambridge University Press, 1997).

[11] Rappaport, Roy. *Ritual and Religion in the Making of Humanity.* (New York: Cambridge University Press, 1999).

[12] Seligman, Adam, et al. *Ritual and Its Consequences: An Essay on the Limits of Sincerity.* (New York: Oxford University Press, 2008).

[13] Smith, Jonathan Z. *To Take Place: Toward Theory in Ritual.* (Chicago: University of Chicago Press, 1987).

[14] Stephenson, Barry. *Performing the Reformation: Public Ritual in the City of Luther*. (New York: Oxford University Press, 2010).

[15] Turner, Victor. *The Ritual Process: Structure and Anti-Structure.* (New York: Aldine de Gruyter, 1969).

[16] van Gennep, Arnold. *The Rites of Passage.* Translated by Monika B. Vizedom and Gabrielle L. Caffee. Chicago, 1960 [1908].

读客®

激发个人成长

多年以来，千千万万有经验的读者，都会定期查看熊猫君家的最新书目，挑选满足自己成长需求的新书。

读客图书以“激发个人成长”为使命，在以下三个方面为您精选优质图书：

1. 精神成长

熊猫君家精彩绝伦的小说文库和人文类图书，帮助你成为永远充满梦想、勇气和爱的人！

2. 知识结构成长

熊猫君家的历史类、社科类图书，帮助你了解从宇宙诞生、文明演变直至今日世界之形成的方方面面。

3. 工作技能成长

熊猫君家的经管类、家教类图书，指引你更好地工作、更有效率地生活，减少人生中的烦恼。

每一本读客图书都轻松好读，精彩绝伦，充满无穷阅读乐趣！